晨星出版
Morning Star

晨星出版
Morning Star

當世界歷史的指針迴轉時

「新現實主義」解釋時鐘倒回的世界五大危機，
並提出解決的方案。

馬庫斯．加布里埃爾（Markus Gabriel） 著
大野和基 原書譯者（日文版）
黃意淩 譯

晨星出版

本書是特別針對日本讀者所進行的長期訪談後所出版。
訪談地點位於德國波昂大學馬庫斯・加布里埃爾的研究室。

前言——來自編輯部

「世界上最受到矚目的天才哲學家」
「新哲學的帶領者」

任何一種，都是對本書作者馬庫斯·加布里埃爾（Markus Gabriel）的稱號。

加布里埃爾在29歲時以史上最年少之姿，被提拔成為有二百年歷史的波昂大學（德語：Rheinische Friedrich-Wilhelms-Universität Bonn）哲學科系的正教授。他所提倡的「新現實主義」現在也正受到廣大的注目。

「新現實主義」以「Post-truth（後真相）」一詞被宣傳開來，為應對吹起民粹主義（英：Populism）風暴的世界而生的新哲學。

一切都變得平坦，各種各樣的情報氾濫成災，什麼才是真實的呢？話說回來真實是存在的嗎？在這個渾沌不清的現代。叫做馬庫斯·加布里埃爾的歐洲新知性，呼籲「只有真相存在」才能應對這種現代的危機。並且，我們應該依靠的「普世價值」是嚴格的存在。

描繪出新哲學，當指針重新迴轉的世界是……

本書的書名也出現的所謂「當世界歷史的指針迴轉時」的短句，是出自馬庫斯·加布里埃爾本身的想法，本書中會經常出現。

神已經死亡、近代所說的「美好的承諾」也已死去。這樣經歷過「死」的我們，可說是彷彿失去了錨的漂泊船隻。

並且馬庫斯·加布里埃爾說現在「重返古老19世紀，民族國家時代的運動日漸盛行。」

本編輯部，嘗試著與作者談論關於21世紀所發生的「世界危機」。而編輯部的另一個目的是「新現實主義」會對現在活著的我們，會對我們存在的這個世界描繪出什麼樣的變化。由「新現實主義」來看待世界時，和以前所連接的現在、未來的影像會是什麼樣的呢?可以這麼說，加布里埃爾所提出所謂的「新現實主義」如同火炬般，試圖去照亮世界的主要問題。

在採訪及翻譯時極度避免使用艱澀難懂的哲學用詞，盡可能以日常口語的對話來表達。因此，即便平時不習慣閱讀哲學書籍的讀者們，應該也能夠順暢地閱讀本書。

本書當中，提到了「五個危機」，也就是「價值的危機」「民主主義的危機」「資本主義的危機」「科技的危機」以及橫跨於這四種危機根基之下的「表象的危機」。

在進入本論之前，我想簡單介紹本書的概略。

第1章「當世界歷史的指針迴轉時」，是討論關於現在起開始發生的時鐘指針迴轉。

第2章「為什麼現在是新現實主義呢」，則是在進入本論之前以介紹的角度，解說關於「新現實主義」的內容摘要。

第3章「價值的危機」當中，則是討論在這個絕對事物看不真切又漂移的現代來說，是否應該捉住「普世的價值」呢？要怎麼做才能不陷入虛無主義當中呢？另外，也提及了日本在國際上應該扮演的角色。

第5章「資本主義的危機」是全球化，差距擴大等，解讀涉及現在橫行的資本主義的「惡的潛在性」，並提出解決方案。「共產主義」、道德企業、大道理等，各個加布里埃爾獨特的提案將依序登場。

第6章「科技的危機」當中，以尖銳的話鋒提出「人工智慧等是不存存的」、「我們只是被GAFA強迫工作」等意見。並且稱日本為「溫柔的獨裁國家」，敲響警鐘。

第7章「表面的危機」及最後的「補充新現實主義為我們帶來的事物」當中將討論更深入的哲學。會發生上述四個危機，不外乎是因為我們與「表面」之間並沒有正確的連結關係。另外，根據前一個章節的議論，將對「新現實主義」會如何看待這個世界給予答案。

「在時鐘的指針開始迴轉的時代，新現實主義是新的解放宣言」「因為新現實主義是思考未來的哲學呀」加布里埃爾微笑地說。

說不定閱畢本書之後，在您眼中反映出的世界會有極大的轉變。

本書由譯者大野和基及主編輯大岩央執行，以英語進行長期訪談式的編輯刊登。另外，做為補充的原文記號基本上都統一為英語。有關新現實主義的譯文以馬庫斯·加布里埃爾『世界為什麼不存在呢？』（講談社選書メチエ（Métier）、清水一浩 譯）為依據。關於翻譯，另外獲得大井美紗子小姐的協助以及塞巴斯汀·布羅（Sebastian Broy）的監譯。注釋部分則由塞巴斯汀·布羅（Sebastian Broy）協力，於編輯部完成。

大野和基＋編輯部

※ 本書中的歐元標示為 1 歐大約換算為 120 日圓（2020 年 1 月）

第2章　為什麼現在是新現實主義呢

第3章 價值的危機　非人類性化、普世的價值、虛無主義

第4章　民主主義的危機　常識、文化的多樣性、多元化悖論

第7章　表面的危機　真實、假新聞、美國的疾病

補充　新現實主義為我們帶來的事物

第1章

當世界歷史的指針迴轉時

開始回到19世紀的世界

歐洲正瀕臨崩塌

今天，以移民問題或財政問題為契機，在歐洲正興起各種各樣的「民族國家復活」的活動。EU（歐盟）的問題在於，多種極端異常的文化。雖然中國也存在著各省份之間有不同文化的狀況，在全球概念下的這些差異被歐盟巧妙地隱藏了。透過拿破崙、希特勒，歐洲嘗試著將歐洲整合統一成一個大的文化體。而到現在也都宣告失敗，現在的歐洲呈現出完全崩塌的情況。

事實上，歐盟一次都不曾提案超越民族國家概念。幾乎所有國家在經濟上、軍事上之間的關係十分薄弱。所謂民族國家這個思想，大部分透過小說、記事，可說是個幻覺（illusory：看似真實的虛物）無誤。也就是說，我們生活在一個完全受到幻覺愚弄的時代。

民族國家也是受到這種愚弄的一種形式，法國、德國、義大利、波蘭、匈牙利等，**無論哪一個國家的文化也都企圖返回古老的模式**。只是，誰也沒有說出口而已。德國政府是由安格拉．梅克爾（Angela Merkel）為首的先進國家，偽裝成完全開明的國家。即使民粹黨擁有17％的支持率，但她的影響正在縮小。但是德國的本質，卻持續回歸到普魯士主義※1的統治原型。

不管是什麼理由，古老美好的19世紀歷史又回來了。因為一些運動，不單是準備脫歐的英國，也正在歐盟的各個角落發生中。就連法國也不例外。歐洲的民族國家，從正確的意義上來說從未放棄過這個地位。例如，德國和法國從未與美國的密蘇里州和北達科他州合作。

19世紀是歐洲的全盛時期，全球霸主之姿，傲視一方。

◈歐洲是為了因應戰爭而生

首先，思考關於今日歐洲的起始。以所謂社會系統、政治系統的意義在今日的歐洲，特別是在歐盟當中可以看到，在各式各樣的要因之中，第二次世界大戰時，身為回應來自外界逼迫而產生的正是歐洲。可以說是透過美國殖民地化而產生的事物。

多數人認為，歐洲才是把其他國家殖民地化的主事者。然而，在系統的意義上歐洲，是透過美國的軟實力受到殖民化。我們所看的Netflix等等，就是受到殖民化的空間。在二戰後，我們眼中所看到事物，都有殖民地的脈絡。新殖民地（美國的）的數量也日益增多了。成為殖民化空間的歐洲也進一步開始對其他國家進行殖民化，並且持續到今日。

今天，歐盟與各個地區的當事人重返19世紀的模式，試圖回到當時。例如，19世紀時德國的大學系統是經由皇帝特別整備，但它的實際目的是為了讓德國人獨占諾貝爾獎的得獎機會。量子物理學理論的發展也是因為這個理由。

而是誰帶來這項發展的呢？換句話說就是德國的皇帝。因為這個系統是由他所製作的。德國首屈一指的科學研究機構馬克斯－普朗克研究院（Max-Planck Institutes）的前身，威廉皇帝學會（Kaiser-Wilhelm-Gesellschaft zur Förderung der Wissenschaften）就是以設立它的皇帝為名。我想它曾經雇用愛因斯坦（Albert

Einstein），這是19世紀歐洲最成功之處※2。

法國也有相似的故事，以數學家及理論物理學家著名的亨利・龐加萊（法語：Jules Henri Poincaré），再到哲學家亨利・柏格森（法語：Henri Bergson）、尚－保羅・沙特（法語：Jean-Paul Sartre）等人才輩出。沙特在一九六四年曾獲選諾貝爾文學獎，但是他主動回絕該獎項。

美國用盡各種手段掠奪這個模式。模仿德國大學的系統，注入資金並改善成更加完善的形式。戰後的歐洲接受移民，並且獨占了諾貝爾獎。在新的地上，重演19世紀的歐洲。於是這樣的歐洲也回到了19世紀。

◎發生國家規模的「偽裝」

一般而言，我們在全球範圍內看到的許多趨勢皆屬於**偽裝**（生物為了攻擊或自衛等，將自己的身體或形態偽裝成與週遭的植物或動物相似）。而最早開始的是美國。大約在18世紀初期，美國變得像歐洲一般。他們的語言為歐洲語言之一的英文。建築物，除了大小之外也非常的歐式。遊客眼中的美國，簡直就外國版的歐洲一般。當然只有外表，實質上是不相同的。

而且美國透過獨立戰爭拉開序幕的波士頓茶會事件（一七七三年），美國表明了「我不是正統的歐洲」的立場。不僅如此，還說了到現在為止也從來不是歐洲。

請思考看看。雖然目前為止看起來是歐洲的樣子，但實質上卻是一個完全嶄新的系統。仿佛生物的偽裝一般，被掠奪了體態。若以我們近身來舉例，其實你的伙伴就是侵略者。伙伴的實體稱為替身，使用著生物策略。

更進一步來說，我們眼前最大的偽裝就是中國。中國是當前相當強大的國家。從美國的眼中看過去，也宛如看到美國一般的強大。請去上海的浦東新區看看，上海的天際線就是曼哈頓的偽裝。給予人們比曼哈頓更大、更華麗的強烈印象，然而使用的是與曼哈頓相同的靈感。

在這偽裝的背後，中國正進行著獨自的遊戲。以新的方式來實踐毛澤東的思想，並將其演變成習近平的思想。所謂習近平思想，在下一個章節所談到的物質主義也擁有它獨特的方式。有正面部分（法語中「表面」的意思），但在這個正面的背後正在攻擊著某個人。如同特洛伊的木馬屠城戰略一般。而美國對歐洲實施的也是這個偽裝戰略，然而中國也正對美國做著相同的事。而這樣的過程，形成了現在全球的力量。

日本也是一樣，東京街道的視覺，呈現出一九九〇年代曼哈頓改良後的風貌。從皇居眺望的摩天大樓，具體展現出日本想支配一九九〇年代現代化（近代性）的意向。

與中國的大都會或其他更華麗的地方相比，東京的超高摩天大樓群並不是那麼的與眾不同。完全受到管理，看起來極度官僚的樣子。然而，在當時卻讓人彷彿看到未來一般。可說是成功地偽裝成曼哈頓。

日本至今仍以最高文明國家之一的姿態，從這樣的偽裝狀態當中獲取利益。並且經濟不公的情況低至難以置信。是件了不起的事。但是，這個樣貌只是偽裝而已。全都順利地以偽裝的方式進行著。顛覆真實，假裝成其他的樣貌。

歐洲在此刻登場，**近年來歐洲正在進行著假裝成看似歐洲的偽裝**。在此必需用心之處為，如果歐洲看起來就如同歐洲般一模一樣的話，那麼就會讓人認為歐洲沒有參與這場遊戲。哪裡是偽裝的呢？無論中國的偽裝、美國偽裝，都能夠找出演員本體的破綻之處。但是歐洲無論怎麼說，他們所演出的就是歐洲本身。因此不管是德國人、法國人或英國人，在同一國家引起紛爭。這些都是19世紀以來所看到的景象。雖然民族國家在說明國家當中所發生的事件，但是使用了非常相似的詞彙，有各種各樣的角色，相互戰爭著。這都是偽裝。歐洲在舞台背後，正進行著完全不同的遊戲。

歐洲或歐盟並沒有像「歐洲新聞」這類的媒體，並非偶然。提到關於電視，我會想到一個體育頻道。但卻沒有報紙。各個國家都有各國的報紙，但卻沒有歐洲報紙。是為什麼呢？我想這也是個偽裝。這是想向訪客展示著仿若在歐洲一般。

義大利應擔任的角色，就是這個樣子。一到義大利就可以看到很大的博物館。我們不知道裡面發生了什麼。義大利是一個非常具有社會革命性的地方。像西爾維奧・貝魯斯柯尼（Silvio Berlusconi，義大利前總理）這樣無論好的、壞的、有力量的創意，許多都是來自於義大利。只是這些都是他們看不見的。這是由於人們認為義大利都是宛如托斯卡尼區那樣古老而美麗的地方。這些都是歐洲人們的戰略。看似歐洲，卻又不是歐洲。

◈ 沒有人去追求真實的時代

現今，世界上充滿著許多操縱人類感知的企業（manipulation business）。各國的演員們（行動者），完全是些荒腔走板的自我表現。例如，我們無論如何都想要與稱為社群網際網路的美國WASP（White Anglo-Saxon Protestan，白人盎格魯－撒克遜新教徒）做連結。因為他們代表了社群網際網路。

然而，在世界各地旅遊時就會發現，無論哪個國家都是德國車或日本車，或是兩者各佔一半的情況。最近我出差到訪的布宜諾斯艾利斯(Buenos Aires)就是日本車及德國車各佔一半的最佳例子。無論是TOYOTA或Volkswagen都大量地在街道上奔馳著，從這樣的地方產生了許多的能量，但它們卻無法被可視化。我們雙眼所能看見的，是特斯拉（Tesla美國生產的最尖端高級車）的創意或發佈經濟力量的Facebook。但實際上，特斯拉就車輛性能而言與Mercedes-Benz相形之下，就顯得黯然失色。

儘管如此，多數的歐洲人——當然亞洲人也一樣——與生產相關的狀態是無法被可視化的。看看德國出身的彼得・泰爾（Peter Thiel，Paypal的創辦人，著名的投資家）

或Google無人自駕車部門的塞巴斯蒂安・特龍（Sebastian Thrun）。特龍在波昂大學進行電腦科學的研究，並取得博士學位。

這樣一來，就有許多人無法從美國西岸的印象中想像得到。

◎真實的型態在改變

我想說的是，WASP**象徵了**美國的西岸。但並不表示他們是靈感的泉源。雖然有一部份源自於他們的提案。但他們所有的是建構式的力量。例如：Facebook的創辦人馬克・祖克伯（Mark Zuckerberg）畢業於哈佛大學。擁有強大的建構式力量。因此，只憑一個靈感就獲得了大成功。但若沒有偽裝的牆面背後，那群拉著線的人的引導，這個點子也完全無法實現。

世界上充斥著可信度極低的資訊。並非因為寫作的人知識不足而導致可信度低。**而是從來都沒有詢問過資訊的前提基礎**。真實的形態正在改變著，並且日漸複雜了起來。而這正是世界上正在發生的事情。

這些事情都被隱藏在我們眼睛看不到的地方。我們的報導機構，無論是以前的紙張方式或社群媒體都傳遞著扭曲真實的消息。因為沒有人追求真相的關係。

這裡最重要的是「新現實主義」。**「新現實主義」賦予所有的人們力量**。因為它追求真實。如果每個人都追問真正發生的事情，那麼媒體將不得不改變它們的反應。當初它們並非是想操弄我們，而是因為我們容易受到操弄的關係。我並非在攻擊媒體的操弄，僅僅是提出我的想法。

在指針開始迴轉的世界中「新的解放宣言」

新的媒體啊，出來吧

在指針開始迴轉的世界中，「新現實主義」是新的解放宣言。特別是我們必需要把自己從社群媒體當中解救出來。這些社群媒體純粹都是偽裝。社群媒體看似是社會的樣子，但在實際上卻非如此。在這個稱做21世紀的時代為了回歸到真實，不得不找出一些戰略。我們現在正尋找著各種的游擊戰術。但並不是由一個人去執行，而是由各個大大小小的企業組成並致力於解決問題。

更具體地來說，「新現實主義」教會我們的是，我們需要完全嶄新的媒體政治。而時鐘的**指針開始迴轉的這個事實，明顯地顯示出媒體正在渡過一個巨大的轉變期。**所有的事跡都歸納至此處。對我而言這是最重要的課題。當今我們必需改變的是，改變媒體，類似一個新的網際網路一般，創造一個與既有型態完全不同的媒體。僅開始加強網際網路規範是不夠的。別忘了，現在的網際網路並不是以民主的方式形成。網際網路當中沒有法庭，也沒有權利分立。這種民主主義的基本構造，從未以任何方式在網際網路上付諸實現過。因此，可以從民主主義社會的外部與網際網路做連結或攻擊。

實際上北韓是不能夠駭入德國的法院或德國法院的判決。但若是北韓干涉Facebook的話，誰也沒有能夠採取相關的對策。Google搜尋引擎的演算法也是相同的。如同各位所想像的，它並不安全。當然營運部門擅於安全管理，但並不完全。網際網路是沒有「完全」可言的。因為基本上它們都只是數字。

所謂網際網路，基本上是將一種能互相解讀的資訊暗號化的數學系統。因此被暗號化的訊息是能夠被解讀的。這是數位時代的原則。沒有完全的防火牆。在這樣的狀態下，非民主的全球媒體空間就因此而形成了。而這個空間，成為你我主要的情報來源之處。沒有例外，每個人都一樣。

我們大家都使用著維基百科查詢資料。但維基百科並不完整而且包含了假情報。即便如此，但想要了解事物的大略資訊時還是會使用。例如想了解關於天皇的知識時，我們第一個就會去搜尋維基百科。即使得到了關於天皇的雜項資訊，卻無法求得好的理論。這就是網際網路的運作方式。網路將扭曲的資訊植入我們，並且侵蝕我們的智慧。

◎網際網路並不是民主的

關於網際網路上的民主，我來舉個簡單的自身案例。在羅馬尼亞有一位叫做卡布里艾爾・瓦卡留（Gabriel Vacariu）的瘋狂哲學家。於二〇一四年左右，他提出了「馬庫斯・加布里埃爾盜用我的發明」的告訴。他表示關於這項盜用已擴散至全世界的媒體。這實際上是毫無根據的指控。看他的網頁就會發現，他控告了至少超過一百個與盜用相關的人事物。並且幾乎都是諾貝爾得獎者，甚至還寫信到諾貝爾基金會，主張該協會應當頒給他至少20個以上的獎項（笑）。

關於這個問題，在維基百科內關於我的網頁當中，長期以來都有以「controversy（爭論）」為標題的獨立項目。即使負責我的網頁的編輯者提出來自大學的信件證明並沒有「爭論」這些事情，維基百科也不願刪除「爭論」等有爭議的項目。而且，大學所發出的信件是具有法律約束效力的。以具有民主的準確性來證明零盜用。但是這封信並沒有被上傳，僅是一封以官僚方式作成的紙張資料罷了，維基百科並沒有把它當作參考文獻來使用。

最後由我將大學的來信上傳至網路，維基百科才刪除了這個項目。能夠刪除的只有維基百科本身。

不單是維基百科，**網際網路在這個機能上全部都是反．民主主義的**。由於先人與民主主義的搏鬥，使所獲得的物品逐漸被削弱的關係。

網際網路對真實的世界，非虛擬的世界帶來了無法估算的影響。使用維基百科而非孤獨星球（Lonely Planet 紙本旅遊書），結果就像到了一間特定博物館的非虛擬行動，現實中的行為受到了對我們有實際傷害的參數的支配。

然而，網路上卻不存在擁有制止這些行為，如同法官角色的人。網際網路完全是個非民主的環境。事實上**網際網路才是正在動搖民主主義的地基**。人們所認為的民粹主義，在民主主義強國當中非民主決策明顯增加，僅是由於真實世界已變得類似數位時代。

在本書當中，我想對於我們所面臨的危機——價值的危機、資本主義的危機、民主主義的危機、科技的危機進行說明並尋求解決方案。並且，在此所列舉出的四項危機，可以匯總為我稱做「表象的危機」之中。而所謂表象危機，則是目前為止所討論的，使用影像將真實蒙蔽的情況。在此，討論完四項危機後，也探討了表象的危機。介紹愈來愈多關於我所提倡的「新現實主義」，接下來，讓我們開始討論「價值的危機」吧！

【註】

※1　指以君主立憲制統一德國的普魯士王國的統治方式。

※2　如此一連串的運動，更正確來說是第一次世界大戰（一九一四～一八）為止所發生。加布里埃爾所稱的「19世紀」與其說單純是以年號上的19世紀，被認為不如說是指到第一次世界大戰為止的啟蒙時代。

第2章

為什麼現在是新現實主義呢

新現實主義是什麼呢

「世界並不存在」的意思

首先，我想先向本書讀者說明關於我所提倡的「新現實主義」（New Realism）。「新現實主義」是由二部論文所組織而成。由於是由二個完全不同的次元所組成，在哲學界的歷史上首次被提出，是一項革新的思維方式。

我們來看看這二篇論文各別是什麼吧。

第一篇是**「包涵所有事物的單一現實並不存在」**的主張。它也成為一句著名的口號「世界並不存在」※1。現實會在被稱呼為所謂「意義場域」之處呈現（後有詳述）。「意義場域」是複數，各有不同的領域，全部都會成為同等的現實。例如費米子（fermion）、玻色子（boson）、電視遊樂器、日本文化、正義——這些都會在它們各自的意義場域當中呈現。自己做的夢、自己的感情、還有宇宙或過去、未來都是現實。有複數的現實。只是，「包涵這所有一切的現實是不存在的」。

這些複數的現實進一步結合，並非構成如同宇宙這般受到統合的整體。例如，電視遊樂器不是宇宙的一部分。為了玩電視遊樂器，宇宙空間確實也會需要物理的物質，若說能量的話，也需要微觀或介觀（物理學用語，指介於微觀及宏觀中間位置的領域）的事件。然而，卻無法把所謂電視遊樂器這樣的現實，還原到所謂宇宙這樣的現實。

◈現實不只有一個

因此我的第一項主張就是**「現實不只有一個，而是有複數的存在」**。無法把複數的現實還原成一個現實。無論是意識層次，或是物質層次皆然。這樣的看法全部都是錯誤的。完全否定掉形而上學※2的歷史。但無論如何，這就是我的第一主張。

第二項主張也和第一項主張一樣的重要，**「我們能夠直接了解現實」**的這個思考模式※3。這是因為我們原本就是屬於現實的一部分。我之所以能夠知道自己的精神狀態，是因為我就處於這個精神狀態之下。我現在位於德國名叫波昂的城市，我能夠知道我現在正在波昂這個事實。因為學習過一定程度的數學所以能夠知道關於數字，因為我玩過任天堂的遊戲，所以知道一些與超級瑪莉歐相關的事情。這種現實全部都是「可以知道的事情」。在本質上無法知道的事物或是沒有被隱藏在現實之中的事物。這就是我的第二項主張。

第一主張是屬於存在論。敘述關於存在的事物、存在無限事物當中多數的現實領域。第二主張是，原則上我們能夠知道關於每一項的現實，屬於認知論上的主張。例如試圖從地球前進一百四十億光年，無論往哪一個方向，終究會有遇上資訊屏障的時候。這是關於宇宙的膨脹等，有許多尚未解明的事物，而且訊息量正在消退。不可否認的事實是，超越事件地平線（連光都無法到達的的距離，指人類能獲取情報的界線的物理學概念）之後什麼也無法得知。但這並不代表原則上什麼也無法得知的意思。若有人能夠以某種方法到達彼端（超越事件的地平線），就能夠知道那裡存在了些什麼。現實是無法逃避與躲藏的，這就是我的第二項主張。

◎「新現實主義」受到注目的理由

那麼，為什麼「新現實主義」現在受到如此的注目呢？

其一，由於這是21世紀中真正的哲學新發現。關於它為什麼引發注目，在社會經濟面上有各種各樣的解釋。簡單來說，就僅僅因為「它是新的」這個理由。尼采曾說「經過了二〇〇〇年的討論，並不會有新的神出現。」二〇〇〇年，又或許經歷更久更漫長的歲月，也許有人會認為哲學的空間應該已經被用盡，沒有什麼能再討論的餘地了吧，但事實上並非如此。隨時都會有新發現。

第二項理由，是由於這項新發現基本上與社會經濟和歷史上發生的事情產生了共鳴。**「新現實主義」是身為數位革命的結果所誕生的新發現**。在這40年至50年間，世界完全被數位化，在數位化的全體過程當中，完全將現實改變了。就如同量子力學與相對論改變了我們對於宇宙的見解。

我們對於存在的物品·不存在的物品的認知，透過數位化徹底的改變了。人們回應自身生活的現實，因為它不斷創造出新的精神現實。而「新現實主義」正是對此作出回應的第一個哲學。**繼「後現代主義後」，首次成形的新哲學**。

由於它與實際所發生的事情相對應，非常有用並且普遍。另外，「新現實主義」並非受到所謂社會或文化等條件的規範。完全沒有關於德國的事物。只是偶然（當時）被受雇於德國大學的一介德國哲學家的我所提倡。我認為這也是件非常重要的事。

無論讀者是日本人、中國人或德國人，都具有我在著作本書時，所提出的完全相同的想法。就人性而言、提出這項發現的筆者與批評這些的人們之間並沒有什麼差距。這是一種真正的普世哲學，而不是吸引德國人的經典德國哲學。

◎在真實與虛擬之間的模糊境界

還有另一個更重要的因素。在這個數位的時代，我們失去了與現實接觸的經驗。虛擬的社群網路或民粹政治、北韓或習近平等獨裁主義者的謊言……。就是在這個時代，我們和事實與真相之間關係的整體變化。現實與非現實的界線逐漸模糊。

透過「新現實主義」使真實與虛擬之間的界線再度明確。界線變得模糊是現代的思維。真實與虛假的界線、虛構與真實等的界線逐漸模糊的想法，是後現代主義哲學思維下的產物[※4]。

在本世紀發生的是，右派政黨劫持了哲學左派的術語[※5]。簡單來說，一九九〇年代的法國理論和世界各地興起的其他理論都被放進一個稱為保守意識的袋子當中。

唐納．川普可說就是尼采。這不就是現代尼采主義者的問題嗎？而川普就是尼采所謂的「超人」。

唐納．川普與習近平的登場，是現代科技及哲學的過程中必然的產物。他們使尼采或九〇年代的尚．布希亞（Jean Baudrillard）等這些人的著作當中所描寫的一切成為真實。

尚．布希亞所著作的「Amérique（日本翻譯《美國—永恆沙漠》）」當中，他甚至說到，在美國終究會出現一位總統以髮型取決他的形象，別無選擇。在唐納．川普出場很久以前，他就曾說這遲早會成為一個熱門話題。

並且習近平是毛澤東的2.0版或者可以說是4.0版。說不定毛澤東曾經夢見過共產黨獨裁主義，在習近平得到數位通訊科技的協助下而完成。

現在我們以民粹主義或獨裁主義的形式所目睹的現象，還沒有賦予它一個好的稱呼，但是許多人經歷著這些政治形態的變化，與真實及虛假界線之間的解構（deconstruction）有著緊密的關聯。再一次重複，將這個界線再度明確劃分的是「新現實主義」。而「新現實主義」是對現代思想最尖銳的批判。

傳統上來說，哲學是對當權者以哲學的角度來進行批判。這也就是近代所發生的「批判理論」。若舉德國的例子來說，請回想狄奧多・阿多諾（Theodor Ludwig Adorno-）=特奧多爾※6（Wiesengrund）或尤爾根・哈伯瑪斯（Jürgen Habermas）※7。權力的問題在於它並不會成為哲學性的權力。「新現實主義」並不是一個持續不斷與政治苦戰的哲學概念。「新現實主義」是為了想與新的世界相互協助的建議。這也是「新現實主義」可以說是新的原因。

◈何謂「意義場域」？

我們簡單解說關於「新現實主義」重要概念「意義場域」。對於「意義場域」進行特定解釋時，就意味著要如何安排（配置）。例如，我們現在位於圖書館。從圖書館如何尋找書的觀點來看，就能夠說明「意義場域」。您是如何計算書的數量呢？應該是一本、二本這樣吧。這是因為書能夠分成一本一本的。一本、二本這樣的計算方式，對於我們目前所處的情況下，是一個貫性的測量系統。我們現在位於圖書館，所以去計算書籍的數量。

然而在數位的時代，計數的方式卻有所不同。不只是書籍的數量，還能夠計算類別的數量或是書籍的頁數。為了印刷書籍所耗費的木材數量也在計算的對象範圍內。若能把書籍劣化的事實考慮進去也很好吧？這樣也能夠測定書籍的劣化情況。

我們把剛才所論述的事情用特別（決定用「本數」的方式來計算書籍）的性質，它並不在我們所處的情況（圖書館）內。書籍的頁數、文字數、資訊的數量、圖書捐贈組織數、生產的組織數——我們所處的情況（圖書館），全部都是真實的。只是它們使用了各自不同的測定規則。而我們將這個測定規則稱為「意義」。也就是語言學所說的意義理論的「意義」。※8

這些「意義」，完全獨立於人類精神之外。因此，即使人類的精神完全滅絕，但銀河系或費米粒子仍會繼續存在著吧？書本會劣化，若人類消失了，在數十年後書本也會跟著消失。即使現在人類就完全滅絕，書籍或數字、資訊仍會殘留下來，依然能夠分類。

◈如何計算新現實主義的「三維空間」？

我們舉一個更單純的例子，請想像桌子上有藍、白、紅三個立方體。剛好有人過來，若被問及桌子上有多少物品時，這個人大概會計算立方體的數量並回答「三個」。倘若這人是理論物理學家維爾納・海森堡（Werner Karl Heisenberg）時，他會計算原子的數量，並回答一個異於常理的數字。

又或者，當法國總統來訪時，說不定他會回答「一個」。理由是因為這三個顏色合在一起後剛好是法國國旗的顏色。換句話說，您所計算的物品變成一種「意義」。若決定了「意義」，就會出現針對這個問題的明確答案。而對於有幾個立方體這個問題，答案是「三個」。不會成為一個開放性問題（不限制回答範圍的問題）。

因此，立方體或人、都市等等，將成為對於存在物體的問題答案。實際存在的物品，經常都會成為解答。**問題是「意義」而答案則是「場域」**。目標是「意義場域」。因為**對象的本質就是問題的答案**。

◈ 全部都是同等的真實

那意味著，首先必需定義計算的方式。我將它稱為**計算規則（a rule of count）**。一切的問題都是由「對什麼感興趣呢？」開始。請試著思考看看，德國這個叫做波昂的都市。您將波昂視為一座城市。但是您對城市的概念可能與我有所不同。例如，德國人對於都市是由居民人口的觀點來思考。這就是德國人的都市觀。

造訪東京的德國人首先想知道的是東京的人口。但是東京的人並非如此。大部份的市民都不清楚東京正確的人口數量吧？即使說出了東京，也有各種各樣的意思。東京是由哪裡開始到哪裡結束呢？要把東京的界線畫在哪裡呢？做人口調查時，就是個重要的基準，透過界線劃在哪裡，所導出的數字也會不同。只要知道，所謂東京人口數，就能理解整個東京的系統。所能得出的答案只有一個，不會有其他相關的答案接連而來。但是，計算物品、看看真實的情況對於了解都市的概念十分有幫助。

「新現實主義」現在所敘述的「並非特權的一連串概念。」為了表示現實所使用的概念，全部都是同等的真實。回到波昂的例子，若能夠從居民人口數的概念開始思考關於波昂這個都市，例如有多少條道路這種問題，也可以用基礎建設開發的程度來思考。也可以用GDP的觀點來看波昂的富庶程度。從這樣邏輯一貫的問題，只會引導出一個明確的答案。若得不到答案，就代表說現實是複雜的。

讓我們來列舉一個現實過於複雜，無法引導出解答的具體案例。例如人們知道「現在位在印度有多少條的鞋帶」這件事，嚴格說起來是不可能的。「在印度有多少條鞋帶」這個明確的數字是存在的。鞋子的數量亦同。當詢問了「在印度有多少雙鞋是兩歐元以下」時，存在著明確的數字，但卻無法使這個數字明朗化。

我們實際上能夠揭示的程度，是超過現實的。儘管知道有明確的答案。

原因是數字不斷地在變化，概念也不斷變化。即使抽出所謂「日本人」的概念之一，經常都是人的生老病死，持續的產生變化。概念擴大，所以說不定有什麼被分類到概念，成為變化的原因。因此，概念或它的對象也不斷的在發生變化。

執行稱為「意義場域」的概念。「意義場域」的意思（meaning），也就是說意圖（intention）才是我所稱呼的意義（sense）。與我所說的「意義」相呼應在現實中發生的「場域」。**「意義場域」以外什麼也不存在**。所有的事物，都在語意（文脈）中發生。

新哲學帶領解決世界主要問題

「新現實主義」帶來的劇烈變化

透過「新現實主義」，我們的觀點（perspective）確實產生了劇烈的變化。因為現在的我們，是直覺且定義不明的，與現實相關的概念也一樣的定義不清，在虛假或虛擬事物相關概念之間，還是拉出了界線。總覺得我們「應該沒有過度使用網路」。但是在科技系的人們當中，也有人認為「應該使用更多」吧。但是現在的世界秩序當中，對於我們身為人類沒有明確的影響。同樣，我們正被操縱著，同時仍然沒有一個清晰的概念。

但是，**「新現實主義」提示了一個清晰的概念**。清晰地教導我們與不同科學領域合作，與數位革命的人類，以及與這個知識能力與角色相關的概念。若採用「新現實主義」的思考模式，應該能夠明確理解自己是誰，因此自己應該做什麼。若不知道自己是誰就無法回答倫理的、社會的問題。

舉一個非常單純的例子。雖然不知道實際是什麼情況，請想像一下，假設海豚擁有和人類相近的頭腦。在海裡來回游泳的海豚，應該是用海豚的語言在思考著，關於氣候變遷的事吧？例如，「人類不應該破壞環境」等等的。

若是海豚能夠進行這種思考，我們就可以跟海豚溝通，並且必須用與目前為止截然不同的方式對待牠們。由於海豚就如同居住在海中的許多窮人一般。一無所有的貧困階級。如果海豚和人類一樣，我們對海豚的概念就會產生相當大的改變。我們應該做什麼呢？這樣的情況下我們還應該把海豚殺來吃嗎？即使答案仍然是「YES」，回答的方式也會不同吧。

若用這樣的邏輯做出結論，說不定就會有人說出「吃人的話怎麼樣」。為了做出抗辯，就必需經過討論。不能吃人，卻可以吃海豚。這是什麼道理？有沒有正當的理由呢？是什麼理由讓我不想吃人？為什麼我們認為食人主義（cannibalism）是邪惡的呢？

像這樣針對問題做出回答就是「新現實主義」。若海豚與人類相同是事實，那麼

「新現實主義」教導我們不應該食用海豚。也許會有因為海豚頭腦不聰明，吃掉牠也無妨的答案。但若這是答案的話，那麼就需要討論是不是吃掉頭腦不聰明的人，也沒關係啊？不單是食人主義，也針對重要的倫理問題給予了回答。

◈如何討論氣候變遷問題

再舉一個氣候變遷的例子。應該沒有人會歡迎，因為氣候變動帶來人類滅亡的這件事吧？即使沒有人類存在是否氣候也會發生變化？這樣的議論經常發生，但現在讓我們暫且擱置。我們該更抱有興趣的是邏輯問題，「我們如何改變氣候變化的現狀？」現在起至數百年間人類將會滅亡，是誰都不想見到的事。大家都希望擁有一顆綠色地球。各式各樣的對策，但其中一樣就是廢除化石燃料。但是，由更加不同的觀點來看，例如從科學的角度，現在應該沒有比化石燃料更能減少氣候變遷的方法吧？若使用了那個方法，說不定又會影響到另一個部分。因此，在解決方案及問題點有各種的要素。並不是用這個方法就能夠全部解決這麼的單純。

我們並沒有認真討論關於眼前的問題，反而一直進行著感覺只要二分鐘就能解決且不切實際的議題之爭。社群媒體，不，其他的一般媒體也有相同的情況。當提出需要更多的樹木後，就會有（因為食肉與環境破壞相關）應該更多人吃素的說法被提出。若您這麼想，下次就會有人說素食者變少也無所謂。唐納・川普提到需要更多的化石燃料，而德國的綠黨（提倡環境保護政策的政黨）則提出減少化石燃料。

◈重點是它是否正確

然而，最重要的是**誰才是正確的**這個問題。誰說了什麼並不重要。重要的是他們是否正確而已。但有趣的是，沒有人提出這個問題。

這是唯一重要的問題，是人們談論著各種各樣的事情。也說了這些、那些索然無味的事，但這樣做無法獲得朝向現實的引導。對於現實更加正面的引導，是將現實連結在一起。「新現實主義」，就是帶您前往這這個思考模式。重要的並不是誰說了什麼，而是這個人是否有充份的理由以及他正確與否。

我們過去一直把人類的理性（rationality）視為一個良好的概念。然而到了現代，它卻被忽視掉了。在這幾年來經常被提出的後真相（post-truth）或post-fact、替代事實（alternative fact）等名詞當中，被反映出來。人們並不是為了辨別什麼是虛構的什麼不是虛構的而重複對話，而是以**什麼是真實的並不重要，因此基本上什麼都是虛假的**思考來進行對談。

但是實際上，什麼是真實的十分重要。因為我們現在正在摧毀著真實，因此人類很有可能會在兩百年以內死亡。在這個時代最重要的是回答「所謂人類是什麼？」這個問題。因為回答這個問題，是我們抵抗自我毀滅的唯一方法。

◎現代化摧毀人類

這就是所謂現代化（modernity）。讓我們思考一下現代化起始於法國大革命（一七八九～一七九九年）。

從全球範圍的角度來看，影響遍及了居住在這顆稱為地球的行星全體人類的現代化，是從18世紀的某個時間點開始。不只是法國大革命，美國獨立革命也相當重要。這些革命特別是以產業化、技術進步的形式擴散，是現代化的搖籃期。這兩百年間，與產業化同時並進，彷彿正朝向人類自我毀滅的景況前進。

這些事物不容易被肉眼所見。由於在進步的同時，會產生醫學上新的可能性。因此壽命延長，享受更進一步的繁盛時，完全看不見我們正走在自我毀滅的道路上。反之，如同心理學家史帝芬・平克（Steven Arthur Pinker）※9所著作的書籍“Enlightemnent Now”（日本國內譯『21世紀的啟蒙』台灣譯『再啟蒙的年代』）」所寫，看似一切順遂如意，然而實際上卻正好相反。透過人口過剩、原子核爆、氣候變遷等自然災害，無論如何，人類正處在自我毀滅的道路上。

產業化的歷史，是破壞存活於地球上的人類生命存續的可能性的歷史。必需把這個故事告訴我們。

當然，從統計數字上來看，在第二次世界大戰後，貧困與暴力減少了。這是平克的主張。我並不是要否定他的說法。以我父親的故事來看，在統計數字上我父親應該活到80歲。但他卻因為肝癌在63歲就過世了。而導致肝癌的元凶，我想恐怕就是身為園丁的他在工作上所使用的對人體有害的除草劑。在不知不覺之間，對肝臟造成了不良影響。

統計上來看，父親應該還健在。但事實卻非如此。從統計數字上來看，應該可以說德國人每個月都有一些收入。但是對於每個月僅賺取三百歐元（約三萬六千日圓）的人又怎麼說呢？統計確實在討論一些計劃時，是十分適當的方式之一。但是現在必需思考的，是為什麼看到現實的「方法」很重要。並非「平克先生相信什麼」，從更寬廣的前因後果來觀看時，真正發生的事是思考著什麼事。

◇統計式的世界觀所掩飾的事物

在這一點，平克先生是錯誤的。**現代化引發了人類的自我毀滅**。沒有什麼比現代化殺死更多的人。

戰爭在東洋是由日本開始、在西洋是由德國開始，但我想若沒有現代化也是不可能發生的。包括飛機（戰鬥機）在內，檢視現代科學所做的事，若沒有它們德國就無法在西洋發動第二次世界大戰。納粹帝國是個以科學為根基的帝國。因此它能夠長期的進行戰爭。那樣的小國，如何在五年當中，將軍隊產業化並對世界展開攻擊，並且能夠持續十年的戰爭。這正是現代科學所帶來的結果。現代科學與統計式的世界觀，同時帶來了破壞的過程。如同硬幣的正反兩面。

我們看不到這件事，因為美國的思想是自然主義的關係。自然科學與把自然科學應用於經濟學或技術生產被認為是「救濟之途」的想法。投資只需要在這裡就好，請忘掉其他的領域。這就是自然主義。這種思維方式比其他任何思維方式更具殺傷力。

共產主義也是相去不遠的自然主義。馬克斯正是自然主義者。因此現在的共產主義思想或多或少基本上與美國的思想相同。所以中國與美國因此而對立。由於兩國的世界觀幾乎相同的關係。有趣的是，並不是因為沒有共同點而對立。而是因為與對方有共通點而成為他的敵人。為了發動戰爭，必需要有共同點。

中國與美國的軟體在本質上是唯物主義，非常的相近。這種美國的自然主義、現代化原本就是錯誤的。錯誤的世界觀，如同字面上，是可以扼殺我們的世界觀。

【註】

※1 馬庫斯・加布里埃爾的著作標題「為何世界是不存在的」（講談社選書メチエ（Métier）以下以自著稱呼）也有提出。加布里埃爾把世界定義為「即使沒有我們也存在的所有事物・不僅有現實，沒有我們就不存在的事物・存在於實際內的事實」（自著P18）。

※2 超越人類感覺或經驗，將世界上普遍的性質、原理，透過理性來求得的哲學。為metaphysics的翻譯文。

※3 馬庫斯・加布里埃爾用此主張對社會建構主義展開批判。另外，將社會建構主義以「本身幾乎不存在事實。相反地，我們透過自己的多層話語或建設性方法來構建所有事實。」為基礎來定義，並舉出以社會建構主義為本的思想家伊曼紐爾・康德（Immanuel Kant）為例（自著P10~p11）。另外，康德追求的社會建構主義的泉源與提倡「思辯現實論」的哲學家甘丹・梅亞蘇（Quentin Meillassoux）的思想有關。

※4 馬庫斯・加布里埃爾對於有關後現代思想（後現代主義）看透了「後現代主義在人類背棄偉大承諾（宗教或近代科學等）之後，試圖徹底擺脫傳統。」「但是，為了將我們從這個幻想當中解放後現代思想所製造出來的是，『我們被卡在這個幻覺當中』的新幻覺」。（從自著P9當中抽取出的要點）。

※5 所謂術語，是指特定職業或團體當中所使用的專門用語或指只有行內理解的俗語。

※6 德國的哲學家、社會學家、音樂評論家、作曲家。麥克斯・霍克海默（Max Horkheimer）下一代的尤爾根・哈伯瑪斯（Jürgen Habermas）等人同為法蘭克福學派的代表思想家。協助納粹黨研究一般人的心理傾向，並分析出關於權威主義人格。為了測試權威主義態度的法西斯主義規模（F規模）的開發者。

※7 身為德國的哲學家、社會學家、政治哲學家，法蘭克福學派的第二代。為公共性討論或溝通論的第一人。

※8 馬庫斯・加布里埃爾對於「意義」的定義上做了「意義就是把對象做成現象的方式」。（自著P101）。

※9 哈佛大學心理學教授。認知科學家、實驗心理學家。著作『再啟蒙的年代』（日本國內譯『21世紀的啟蒙』）成為全美暢銷書籍，並被比爾・蓋茲（Bill Gates）視為畢生最愛讀物。

第3章

價值的危機

非人道化、普世的價值、虛無主義

解讀產生「他者」的機制

為什麼會產生爭執呢

我們總是說「我們有普遍的道德價值觀（universal moral value），只有不同的文化才能涵蓋這些道德價值觀。」那麼，為什麼會產生爭執呢？

爭執是當一群人聚在一起，並聲稱與我們持相反的價值觀而產生的。若沒有這種情況就不會引發戰爭或爭執。若我們從過去就普遍的意識到人性，就不會發動殘酷的戰爭。當想要發動一場真正的戰爭時，所想要的是另一方的非人性化（dehumanization）。若非如此，就不會將對方射殺等。

例如，這正是為什麼美軍開發電玩無人機或電玩遊戲的戰略原因。美軍操控戰車或無人機的時候，操作者的經驗與遊戲相同。與殺害僵屍的遊戲一樣。實際上殺的卻是伊拉克人。這與武士用刀斬落敵人首級的殺害行為完全不同。

這才是「非人性化」。由於所有的人，都理解殺人是邪惡的基本形式。拷問也是一樣。一個理智的人不會從窗戶把幼兒拋下的。這就是所謂普世的價值觀。非洲人也好、俄羅斯人、中國人、日本人、德國人也好，每個人都是一樣的。

雖說是個笑話，若是麥克·傑克森（Michael Jackson）的話或許會這麼做吧（笑），若想像麥克·傑克森把嬰兒拋出窗外，應該每個人都會引起抗拒反應。這是全世界的人共通的本能反應。這就是我們所說的普世性。

人類對於疼痛的行動也是世界共通的。當然也可以用「武士」精神，假裝感覺不到疼痛，但若是普通人，一定會引發特定的舉動。這是基於我們是同一物種的事實。**普遍的倫理觀當中，有生物學的基本盤。因為我們原本就是屬於同一物種。**

因此為了攻擊某個人，就需要一個告訴我們他們是錯誤的故事。聲稱具有深遠的文化異質性的故事，無論是什麼內容，都是煽動戰火的故事，攻擊別人的藉口。這就是我們創造他人存在的方式。

◎語言與文化是宛如軟體般的物品

當然，文化異質性不僅是塑造出來的，並且實際上是多元的。例如，漫畫在歐洲不像在日本是十分醒目的文化。由於日本的年輕人擁有令人難以置信的龐大漫畫市場，可以說他們有類似漫畫的精神狀態吧？但是，我並不是。即使見面一起旅行，也無法與他們共享那個背景。這就是文化的異質性。

取而代之的是，我可能會看日本年輕人從沒看過的德國連續劇。關於這點，德國人可以與妻子分享，但是與日本年輕人或妻子分享漫畫是不可能的。由於我妹妹是漫畫的忠實粉絲，她應該與日本的年輕人較為接近。儘管如此，她和日本年輕人之間仍然存在著文化差異。雖說相去不遠。

這並非意味著日本年輕人是否比我更具人性化。漫畫的讀者與哥德的讀者之間，完全沒有人性的差異性。有些人閱讀哥德，有些人閱讀漫畫。只是這些事情，並沒有深遠的含意。只有很深的異質性。所謂異質性，就例如日語和英語是有相當差異的語言，就像日本人與美國人使用著不同的軟體一樣。因此，日本人的思考方式就會和美國人不同。

日語和英語，並非像蘋果與安卓這樣不同的硬體，而是如同軟體一般的差異。任何語言，都能夠翻譯成其他語言。要翻譯俳句十分困難，但這並非是因為語言間存在有巨大差異，而是由於文化的不同。

優秀的俳句詩人與華萊士・史蒂文斯（Wallace Stevens，美國詩人。一八七九年～一九五五年）之間，沒有很大的差異。若真的想理解俳句，確實必需學習日語。但並不會因為史蒂文斯的讀者無法理解俳句，就比俳句的讀者不具人性。

在現代社會當中，幾乎所有人都信奉文化相對主義。意思是人類根據所使用的軟體被明確的劃分。換句話說，穆斯林（伊斯蘭教徒）與21世紀的漫畫狂粉或俄羅斯的賣春婦女，擁有完全不同的價值體系，但實際上卻非如此。他們是完全相同的。俄羅斯的賣春婦女、來自埃及的穆斯林兄弟會，想像把在東京高級住宅地區的漫畫少年放進同一個房間、麥克・傑克森把嬰兒拋出窗外，所有的人都會有相同的反應，這就是人性。

所謂人性是極普遍的事情了，但我們卻一直忽視它。因為現在正發生一場全球規模的網路戰爭。蔓延在現在這個年代的文化相對主義功能，我認為只是為了將非民主的網際網路合理化。

◈考量道德時必要的三種類別

在前面提到「人類是同一種動物。只要是人，誰都不想看到幼兒被拋出窗外的景像」。但會有這種邏輯觀，是否可能根據時間和地點而改變的疑問。例如若有推崇近親相姦的文化或時代，就也有一些被認為是荒唐的文化。無論哪種都是不正確的。

若要正確說明文化相對主義「無論是推崇近親相姦的文化或是被認為是荒唐的文化，都沒有犯錯」。這就是相對主義的看法。其他的，例如我說比起美味的壽司，麥當勞更好吃。這是沒有錯誤的思考方式——有所謂的美食相對主義。每個人都吃自己喜歡的食物，吃的東西是沒有錯誤的思想。

另一方面反對相對主義的人，會說某方是錯誤的。在這裡就會說，選擇麥當勞的人是錯誤的。即使我經常去麥當勞，也是一個錯誤。是因為人類對於道德規範抱持著不同的意見，就像是說只有一種正確的意見一樣。

客觀來說，近親相姦是好是壞這個問題，並不成為道德問題（是個中立的問題）。道德有三個項目。在程度上有所差異，但是**基本上分為「善」（good）「中立」（neutral）以及「惡」（bad）**。在被稱為「善」的選項中，假設德蕾莎修女拯救了所有人這樣的事，「惡」就如同希特勒殺害了所有人這種事。關於「中立」則適用於今天要穿短袖襯衫好呢或是長袖襯衫好呢？穿短袖或穿長袖這個問題，是關於我們每天早上所做的選擇，但並不是道德的問題哦。

比如說，提到現代歐洲，也會有頭巾（伊斯蘭女教徒使用，可覆蓋住頭部的布）是否該在學校穿戴的問題，若陳述我個人的看法，相信「神希望我配戴頭巾」的人會認為犯了道德面上的錯誤。但這並不意味著我認為這位女性不應該配戴頭巾。她犯了錯，但人偶爾會犯被道德所容許的錯誤。雖然她的信念是錯誤的，但並非我的問題而是她的問題。

在自由的社會當中，若她被質疑「沒有配戴頭巾是否犯了道德上的錯誤」。我應該會這樣回答：「別擔心，妳的頭巾對我而言就如同我的腕錶一般，有時候戴有時候不戴。在道德的現實當中，無論妳配戴頭巾也好不配載也好，都不會改變什麼。若妳想要配戴那就隨妳的心意，我無所謂。」因此，**頭巾的問題若以道德的文意來看是「中立」的**。

如此說來，也許有人會說「頭巾不單純只是服裝，也展現了自己的信念」，但這是錯誤的。它只不過是一塊布。可蘭經當中並沒有寫到必需配戴頭巾，預言家也不曾說過。而由於預言家或神明所說，因此必需如此做的事，是屬於宗教的信念。雖然我並不相信，但是有人相信。只是可蘭經當中並沒有寫到「必需配戴頭巾」。

◎頭巾問題揭露了什麼

那麼，為何這件事成為了令人關注的問題呢？這僅是因為人們剝奪穆斯林的人性並且想要殺死他們而已。如同文字一般，是反猶太主義。反猶太有兩個面相。其實，在被稱為猶太人的人們，原本被稱為塞姆人。塞姆人被宗教分為兩個族群，也就是猶太教和伊斯蘭教。

雖然不再有人提倡殺死猶太人了，但這並不表示反猶太主義已經消失。無法宣傳建立強制收容所的想法，即使是極右派也不可能這樣做。若在選舉時說出這種話，也將會被選民拒絕。這是因為人們對於過去猶太人被大量虐殺一事，仍然記憶猶新的關係。然而對猶太人而言，壓抑情緒的結果，就是反彈到穆斯林身上。因此反穆斯林完全可以說和反猶太主義是一樣的。把移民人口關進強制收容所或是沉入地中海。簡單來說，因為反猶太主義的人，為了把穆斯林淹死在地中海也無所謂這件事合理化，因此利用頭巾問題來借題發揮。配戴頭巾的女性，看起來不像是跟自己同類的人。因此，**配戴頭巾就能用非人道的方式對待穆斯林**。在澳洲穆斯林被稱為「蟑螂」。是個日常中所使用的輕蔑字眼。在西班牙也一樣，也曾聽說西班牙的種族歧視主義者，把穆斯林稱為「"cucaracha"（蟑螂）」。蟑螂就算淹死在地中海中也無關痛癢。這正是穆斯林被剝奪人性，被非人道對待的原因。

美國剝奪墨西哥人的人性。認為所有的墨西哥人應該都是毒販，不要將毒販標籤貼在兒童身上、有沒有方法教導墨西哥人正確的行為？在日本也能看到用相同行為來對待韓國人呢？不管哪一個國家，厭惡外國人的人嘗試用自己的方式剝奪外國人的人性。

◇討論的不是解決方案，而是非人性化的手段

我們說「是否配戴頭巾」是由個人自行判斷。那麼讓我們進一步思考學校等必需建立規則的場所。假設有希望穿著波卡（從頭罩住整個臉只露出眼睛，頭巾的一種）的學生。一般的情況下，是屬於明顯的違反規定。不需要為了識別個人連頭髮都要辨別，但卻必需要看到面孔。即使如此，仍有幾個解決方案。是決策的問題。能夠當作解決方案之一的想法是，例如使用ＤＮＡ檢測或指紋認證來做為識別方式。把臉全部遮住是違反規定的，因為她在參加筆試時，無法確認是否為本人。即使出現這樣的意見，若採用ＤＮＡ檢測或指紋認證就得以解決。

然而**現實當中，卻並非解決方案，可能盡是剝奪特定族群人性的處置。沒有人想要尋求解決方案，而是把力氣放在如何能夠破壞人民當中的小團體上面。**這是在好戰的心理當中，過去的種族歧視主義。

簡單來說，這單純是文化的問題。我不認為穆斯林女性配戴頭巾就是他們的身份。與其說是身份，更多是偶發性的習俗問題。我必需捨棄，所謂普世的價值觀這一點。總之，當它似乎要成為一個道德故事的時候——也可以說不可能所有的人都保持中立的立場——通常**最好不要考慮到對方的個別性**。

例如有一位男性戴著一副帥氣的眼鏡。我看到他（很有型所以注意到他）也不會因此而一直注視他的眼鏡。因此通常我們會假裝對眼鏡一無所知，並忽略它。但若是他交往的女友說「這副眼鏡好帥啊！」的話，說不定這副眼鏡也開始發揮一些作用。因此，我們的個性和偶發的特質會在親密的關係中起作用。

但是在受到道德壓抑關係上，例如，在公開討論的場合，即使有些人戴著頭巾，他們也不該關注或談論這個事實。我確實有耳朵，所以我耳朵的長度沒有成為話題的必要。想像一下，人們突然開始談論起耳朵的長度。您會想著為什麼會在意這種事？而我認為近日的頭巾問題，正是這樣的情況。

◈形成偏見的構造

直到現在還記得，我身上也發生過相同的事情。記得是在我10歲左右，在電車上遇到了穆斯林及他的家人時，我感覺受到了威脅。我的祖母，在納粹政權統治下在德國生了病，只要走錯一步就會被納粹殺害。雖然並沒有那麼嚴重，但她卻是個種族歧視主義者。以她的眼光來看，很顯然的，穆斯林占領了德國。我經常在家中聽到這樣的話。當然我並不相信，因為我覺得祖母的認知衰退，所以說的應該都是一些傻話。

但是在家中不斷聽到歧視穆斯林的話語之間，我發現自己在電車上遇到穆斯林及他的家人時，就會產生威脅感。我必需和這種恐懼感纏鬥。同時間，也思考著為什麼我會感到如此的恐懼。在我剛移居到紐約時，也被這種恐懼感所侵襲。那是在二〇〇五年的夏天，在倫敦由穆斯林發動恐怖攻擊事件的時候。我一從希斯洛機場起飛後，就立刻發生了恐怖攻擊。

在紐約的地下鐵，我不斷地對疑似穆斯林的人抱有警戒之心。我和大部分的美國人不同，因為我受過區分穆斯林與錫克教徒的教育。因此我有著明白不是所有的穆斯林都是恐怖主義份子的理性，但仍然止不住對疑似穆斯林的人抱有戒備之心的想法。這才是洗腦的結果。是種族歧視在現實上的觀點。

在德國，進到高中每個人都會聽到波羅的海的故事（納粹對猶太人進行的大屠殺）。我完全無法理解，猶太人為何會遭到殺害。因為我在猶太人當中找不到邪惡。人生至此，我從未有過猶太人就是邪惡的價值觀，對於為何發生猶太人虐殺事件，我感到不可思議與無奈。

但是我查覺到這和歧視穆斯林是相同的構造。直到那時還沒有在穆斯林中發現任何邪惡的我，不斷聽著祖母說的話，且接觸到倫敦恐怖攻擊事件，因此仿佛生活在對穆斯林有負面觀感之中，人們對猶太人的偏見也是逐漸被加深的。這樣的思考方式是錯的，是偏見。偏見如同病毒般，不得不去除。要去除它必需要有精神上的鍛鍊。

我想對我們而言，有許多的偏見。人類是期望安全感的生物。這沒有關係。但這就是我們主動發現潛在風險的原因，卻把特殊風險普及化了。有幾個穆斯林殺了人，因此穆斯林全部都會殺人，這樣的推論是錯誤的謬論。然而這樣的謬誤，現在卻成為文明的驅動力。**當今世上的人們都不是在成為種族歧視者的時代**。

◎善待他人之過

先前提到，要去除偏見，必需要有精神上的鍛鍊。讓我告訴您一些具體的例子。首先對我而言最大的優勢，就是搬到當時的德國首都波昂。我就讀的高中就跟波昂所有外交官子弟是相同的地方，同學幾乎都是穆斯林。也有不少印度教徒。當時的女朋友是印度大使的女兒，因此有許多機會接觸到印度教的文化。我被無論是外表、服裝或出身完全不同的同學所包圍，而且我最要好的朋友還是穆斯林。他們面對一切攤在陽光下的事實，我認為這種交流才是精神修養的必要條件。如此就能夠克服偏見了。

在好友當中，有一位十四歲時從阿富汗移居到德國，現在他在明斯特大學擔任神學・哲學系教授的男同學。他把可蘭經全部翻譯成德文並獲得了各種獎項，用波斯語寫詩，閱讀印度文的書籍，是個真正的天才。

透過接觸與自己持有偏見的人的方式，來消除偏見。這樣一來，下一步就是不需要對穆斯林另眼看待。為了消除偏見，不該反應成是盲目地崇拜他們。

有兩種剝奪人性的方式。一種是把對方當做是邪惡的，另一種是把對方當做是善

良的。原本沒有好壞之分，對方和我們一樣，也只是人類罷了。

二〇一五年，德國沉浸在一片歡迎移民的氣氛之中。每個人都張開雙手，歡迎移民。從那時起，我就一直在指摘這種愚蠢。為什麼要歡迎移民呢？他們並沒有歡迎我。我搭乘電車來到慕尼黑時並沒有受到廣大群眾的熱烈歡迎。雖然我有住在慕尼黑的權利，但卻沒有被歡迎的情理。

非必要性的歡迎移民，與剝奪移民的人性相關聯。為保有移民的人性，應該不要去注意他們是難民這件事。若到了慕尼黑車站，受到五百人的歡迎，或許我會感受到死亡的危險。即使表面上是受到歡迎，但實際上卻有死亡的風險。

我記得路易・C・K（墨西哥裔的美國獨角喜劇藝人，以黑色幽默著名）在自己的表演當中曾經這樣說。雖然並沒有每字每句都正確，但確實是這樣的台詞：「有些傢伙來到德國，是為了住進難民收容所。如果德國人想起他們可以對營地居民做任何事情的話該怎麼辦？我不會說壞話，但請停止為了住進難民收容所，而到德國的行為。那絕對不是個好主意。不過，那就是二〇一五年所發生的事情。」但是，最近的德國在歡迎移民的氣氛中看到了陰影，潮流正在急遽變化。新的右翼已經達到了意料之外的水平。

同樣的，將對手神格化也是一種剝奪人性的行為。印度教、穆斯林或基督教，又或者是無神論者，沒有人是聖潔的。一個都沒有。無神論者——丹尼爾・丹尼特（Daniel Clement Dennett II）或理查・道金斯（Richard Dawkins）等人就是如此——可以將他們視為偉大的反叛者並奪取人性。他們將自身視為反叛者、理性的擁護者，實際上並非如此。他們只是單純的人類。

在「新現實主義」的思考框架組合當中，非常重要的是「**我不認為與你對話的人，是特定身份的代表者**」。他們的行為模式是融合了這片土地上各種傳統的身份，然而這並不是向他們致敬的重點。當然，也不應該輕視這種身份。

◈ 為什麼需要學習「意義場域」

關於基督教或其他的宗教都一樣。神學、宗教學等，若學習這樣的「意義場域」，就能夠了解它們之間是如何的連結。一開始只需要了解即可。伊斯蘭教的系統也是如此。是非常複雜的系統，但是透過理解這一點就可以開始了解它背後的人們。否則，就會犧牲掉自己的意識形態。

若沒有接受數學的訓練，就不會程式設計。與它相同的是，若沒有學習神學或宗教學，就無法理解伊斯蘭教。沒有學習就不會了解，只能描繪出表面的知識。為了要克服特定的偏見，就需要這樣的訓練。

如同文字所表示的，**解決方法就是「意義場域」**。存在於此的事物或人，它們之間的關聯性，支配著各種現象的規則——在做出任何決定之前，必需學習與它們相關的事物。

現在的我們正面對著「表象的危機」。用錯誤的方法表示「意義場域」，並非與「意義場域」而只是與表象建立關係。一方面將伊斯蘭教的表象與恐怖主義做連結，另一方面不將基督教視為恐怖主義。實際上基督教也可以說是恐怖主義。第二次的伊拉克戰爭，不就如我文字敘述的是恐怖主義嗎？布希總統使用了「神」這個字眼。因此，以「神」之名攻擊了伊拉克。也有認為那不是恐怖主義而是戰爭的看法。由於布希覬覦石油或其他的東西，這就是明顯的恐怖主義。只是幾乎沒有人這樣思考。

唐納・川普也是個宗教派的人。唐納・川普，因為宗教上的理由不飲酒。他是福音派，副總統麥克・彭斯（Mike Pence）也一樣。麥克・彭斯是天地創造論（神創造了一切的事物的說法）的支持者。美國總統的職位是宗教體制。實際上就是基督教的體制。也許日本的讀者會認為基督教沒有其他的宗教那麼危險。但出乎意料的是，殺最多人的宗教是哪一個呢——雖然沒有具體的數字，不過恐怕就是基督教了。若看了「意義場域」，就會明白基督教的完整歷史。為了建立基督教帝國，有多少人受到拷問與殺害呢。

但是比起所有宗教，更具有傷害力的是近代（現代）科學。無論是相對數或絕對數，所有的宗教至今所殺害的人數，也不敵近代科學所殺的人數。我們將在下一章評論關於近代科學的謬誤。

價值的鬥爭依然持續

冷戰並未結束

法蘭西斯・福山[※1]大約在30年前撰寫了『歷史的終點』（The End of History and Last Man）。冷戰時期結束後，透過由美國主導將經濟成長與理性主義或民主主義結合，使人民感到幸福，消弭大型鬥爭是福山的主張。

但我認為福山犯了很大的錯誤。因為這本書成為被我稱做「後現代主義」這個東西的觸發點。當然，法國等地在這本書著作前，就能看出後現代主義的雛形，但是決定性的觸發點卻是此書。福山將後現代主義的過程掩蓋住了。這是任何人都可能發生的錯誤，福山先生並不是故意的。他是個優秀的學者，只是做了個預測，而預測也會有不準確的時候。他在最近的著作（"Identity : The Demand for Dignity and Politics of Resentment"）日譯『身份認同——對尊嚴的要求與怨憤的政治』）當中修正了這個錯誤，是位誠實的學者。

但是『歷史的終點』仍然有危險的錯誤。由於不熟悉對黑格爾的理解，而塑造了現代的哲學家、政治學家、社會學家、歷史學家的思想。黑格爾支持這個思想。因此關於『歷史的終點』，我認為基本上全都是錯的。冷戰當中沒有勝利者，演變成了與中國的戰爭。冷戰並不是蘇聯與美國兩國之間的事，大家都忘記這是資本主義與共產主義之間的戰爭。

我們不能低估蘇聯的俄羅斯帝國，不斷遭到毛澤東襲擊的事實。毛澤東的頭號敵人是史達林。史達林的力量更加強大，他不承認毛澤東等人。史達林以獨裁主義者的眼光來看，他認為毛澤東是新參與者。這本身就是一個有趣的故事，但無論如何，是中國贏了。冷戰當中在共產主義的這一側，蘇聯與中國之間產生了內部分裂。

然而在西方，這個事實並沒有受到太多的注目。沒有人認真的接納中國。這是個最大的錯誤。大家都認為冷戰中美國的敵人是蘇聯，但中國總是在蘇聯的背後。中國的存在對蘇聯而言才是一個大的課題，比起歐盟的問題，對於中國的問題才是普丁煩惱的由來。普丁遲早會主張關於領土的問題。並非哪個國家會在冷戰中取得勝利，只是各國領土的改變而已。只有前線改變了，但冷戰並未結束。

◈ 何謂法蘭西斯．福山的黑格爾主義

福山與其他的人們一樣，把柏林圍牆的倒塌視為冷戰的終結。這只不過是眾多前線之一。韓國的38度線也是其一。看看現況就會明白，冷戰並沒有結束的理由。冷戰依然持續，這個對手比人們所想的還要強大許多。

中國看起來柔弱，但本質並非如此。全部都是模仿的一部分。說不定許多人認為「大致上來說，中國正處在成為我們這種資本主義國家的邊緣」，一切都是錯誤的。我們真正目擊的，只有前線正在移動著。因此福山犯了這樣的錯誤。他所犯的更多的錯誤。就是在近期著作『Identity』當中接受了共產主義的思想。重點是他變節了。現在的他在這個身份認同的故事當中——訴說著一個共產主義者希望你相信的故事。這是文化相對主義。他從一個故事轉移到另一個字面上相同的故事。無論哪一個故事都不是正確的。它們都將歷史視為一個自動的流程。

這就是他的黑格爾主義並認為歷史遵循的是程序。他反省了他在最初的著作當中誤解了這個程序。但是，他一開始的錯誤是認為歷史上有程序。而這個錯誤在第二階段當中又再度重演。我想，預測錯誤也是基於同一個理由。

◎我們生活在尼采所描繪的19世紀世界當中

在福山著作的標題當中所謂「the Last Man（最後的人類＝末世之人）」是尼采的話。我過去與捷克的經濟學家湯瑪士．塞德拉塞克（TomášSedlá ek）先生的對談當中提到（在NHKBSI Special『慾望的資本主義二〇一八』播放）「現在產生了『厭倦當個好人』（排斥移民等）」。就是尼采所說的「消極的虛無主義」。從這個意義上來說，世界果然還是回到了19世紀。現代，可以說是接近尼采所思考的「末世之人」的環境了吧？

所謂「末世之人」意思是不惜一切代價，也要避免痛苦的人。也就是指喜歡抽大麻放鬆身心，或是邊喝酒邊玩電玩遊戲機放鬆身心的人。追求安全舒適的生活，這就是21世紀的人們。

現在，關於超人類主義[※2]有各種爭論，但是人類進化的終點並不是尼采所說的「超人」[※3]，而是指「末世之人」。

尼采十分輕視這樣的「末世之人」。這些人之所以誕生，是因為他們想要永生不滅，我認為只不過是幻想罷了。尼采希望自己成為動物。想感受一下，自己瀕臨死亡的事實、令人困惑的現實、稱做危險生物學的事實。這就尼采精神。認為「末世之人」想要逃避面對自己本身注定死亡的命運，因此製作了smokescreen（煙幕彈、偽裝的行為）。

尼采如此將人類定義為「存在於死亡邊緣（being-towards-death）」並成為海德格的墊腳石。海德格所提倡的死亡概念無非就是逃避面對我們即將瀕臨死亡這個事實的一種策略。若了解尼采與海德格，最近尤瓦爾·諾瓦·赫拉利[※4]等人，對關於死亡的那些敘述——把腦部的內容上傳到電腦成為不死之身等。我應該會解釋為——這是一段話。這才是「末世之人」。這個意義上，我們正生活在完全符合尼采所描寫的劇本當中。

◈把倫理定位成一門學科吧

因此，我們要如何面對這種「虛無主義」遮蔽世界的情況比較好呢？是否無法跨越虛無主義呢？

人們不會自動成為虛無主義者。這要取決於，如何教導孩子事物的思考方式。若教導孩子「道德．現實主義者」的思維，又會如何呢？世界上存在了普世的道德價值觀，道德．現實主義者為了追尋正義，相信必須共同努力找出自己的價值所在。請想像身為擁有這種價值觀的人，如何教導孩子事物的思考方式。孩子（與沒有接受這種教育的情況相較）應該會成為一個非常不同的積極行為者。

這會是我如何教育孩子的一個例子。我被許多國家的政府詢問，要如何在小學開始教導哲學比較好呢？我做了這樣的說明：請想像對剛開始學習數學（計算）的孩子說明事物。由於數學有數學的客觀性（在學習數學時）並非二選一的經驗正確或錯誤。然而要學習數學是困難的，但是當這不是數學而是倫理（道德）時，我們就會覺得這好簡單。

若不把它當成學科（學問）教導孩子們，我們就不會有道德的規範。因此我們的道德是如此的淒慘。若不教孩子數學（計算），我們到成人後的數學能力將會十分悲慘。會變成以荒謬的方式去思考數學。若用免費贈品來看待道德，就會有令人髮指的道德思維。是否要教導道德不是可以選擇的，而是必需教導的。

教導道德觀的倫理學，跟數學一樣是一門學科。我沒有去教導孩子們，因為不認為它是一門學科。在德國，取代倫理學的是教導宗教。從小學開始持續著，教導六歲的孩子的，不是宗教而是必需由倫理學來取代。並且在教導倫理學的時候，教師會指導道德的客觀性是存在的，或是教導我們找出它運作的方法，孩子們也進行討論。應該把它當成一門真正的學科。

所謂日本應扮演的角色

新現實主義與禪的共同點

以前，一位日本編輯告訴我「佛教（禪宗）所代表的日本價值觀，並非要我們極盡所能的切斷慾望，與其追求重大改變，應該重視眼前所有的事物。」以其他形式來呈現現實主義，關於這點我完全有同感，我認為是了不起的思想。

在哲學上，這種想法被稱為現在主義（presentism）。這種觀點認為，實際存在的唯一時間的部分是「現在」。若更仔細地觀看，這個「現在」真的也不存在。因此，別忘了佛教終究是虛無主義。最初的訓練是集中於「現在」，並降低慾望的層級。

有見聞的人（悟性已開的人），能夠理解「現在」並不存在，並完全排除時間的概念。這就是「無我境界」（self-annihilation）。大家應該都知道這些是冥想的特徵。

所謂**集中於「現在」，並降低慾望的層級，實際上也有新現實主義的形態**。在這點上，我與佛教有百分之百的相同感受。

同時，我認為不能低估了日本身為一個主體十分強大的這個事實。日本位於這個世界的東邊，是第一個在短時間內，達到歐洲近代化程度的國家。也可以說是唯一沒有受到殖民地化就達到近代化的國家。因此，日本接受現代化的方式就是全面日本化。當然日本從外部開始學習德國大學的系統等手法，並能夠很快將它與自己國家的環境融合。諸如此類的各種理由，日本無法被殖民地化。我認為這件事與日本資本主義大成功是有關聯性的。

日本人能夠輕易理解「世界並不存在」

在物理學等各種各樣專門領域，日本取得了首要的位置。因此就能將如同日本傳統思想的日本文化優點，更進一步推廣到世界各地。

例如被我稱為形而上學的事物，經常受到日本思想的批判。這就是為什麼我認為我的思想與日本思想產生了共鳴。在日本的人知道充份了解「世界並不存在」這件事的方法。所謂「世界並不存在」，在日本是個不言而喻的道理，從未在其他地方被如此說過。因此我的「新現實主義」應該經常與日本人的經驗法則產生共鳴。

日本在經濟和世界歷史上，都尚未發揮其實力。如果把我向歐盟或戰略智庫推薦的步驟也推薦給日本的話，就會有「**數位時代的下一個貢獻是新思想波動**」的建議。

矽谷是一個思考方法。不僅是產品的集合，是個不可思議的強大思維方法。但是這個思維方式，有個邏輯上的缺陷。因此需要不斷的更新。數位架構全體充滿了缺陷。因此現在歐盟正在將其整合到建構具有更少缺失的數位架構。以汽車產業為例，製作出優秀的德國車一般。若能製造出缺點少的產品，就會有許多人願意購買。由於人們追求著，更安全更優質的產品。

日本也能夠做出類似的事情。就像SONY或任天堂的年代，或是如同擁有許多優秀大企業的九〇年代。現在若詢問「為您生活上帶來影響的企業在哪裡」。能舉出的美國企業高達20間。我想這不就是在九〇年代時一半以上的日本企業嗎？還有重回那個時代的可能性。要做到這一點，就要有更優異的想法，以及有抱持比美國企業更優秀哲學的企業。

【註】

※1 日籍國際政治學家。二〇二〇年現今為史丹福大學弗里曼斯波格利國際研究所（Freeman Spogli & Co.）高級研究員。前美國國務院政策企畫局次長。『歷史的終點』以一九八九年所發表的論文為基礎，一九九二年出版。

※2 應用科學技術，旨在超越人類的生物學極限（例如死亡和老年）的思想。近年融合了人類與人工智慧，經常在身體擴張和電機化的背景下討論它。

※3 尼采的著作『薩拉托特拉會談如是說』當中出場的概念。英語superman、overman。基督教當中所說神的使者，指自身抱持著價值基準的理想之人。尼采主張在人類社會當中這種「超人」的誕生是十分重要的。

※4 以色列的歷史學家，希伯來大學教授。著作有『人類大命運：從智人到智神』論述了超人類主義來臨的可能性。

第4章 民主主義的危機

常識、多元文化、多元化悖論

肯定民主主義的「遲緩」

基於明顯事實的政治

民主主義最大的危機在於人們對民主主義的理解是錯誤的。現代人認為「民主主義建立在能夠自由發表自己所相信的事物之下」。把民主主義與某些特定的言論自由混淆。並非是將民主視為等同於可以隨心所欲表達任何亂七八糟的內容。

民主主義，實際存在於法院、基礎建設、稅務機制、官僚、政府機關等，所有此類機關的複雜系統。這就是民主主義的實體。非常緩慢而複雜的社會系統。但也因為擁有這樣的系統，才讓您極可能享受到人權。因此，在這個系統當中的人無法輕易透過收購等方式來掌控系統，並對您進行個人的攻擊。

例如在德國的大學系統當中，即使是我想要，也無法殺死我的競爭對手。即使得到了大學裡的權力，即使打算去說服系主任這是一個邪惡的人，在這樣的民主體系之內就無法殺死這個人。系主任遲早會把雙方叫來，試圖找出造成溝通誤解的原因。無論殺死誰都不會為系主任帶來利益。如果有的話，上頭的人可能會說「系主任殺了某個人、這件事是因為系主任沒有做好協調的結果」。

◈何謂民主思考與非民主思考的不同之處

再來定義何謂民主制度吧。**民主制度的功能在於減少面對意見分歧時發生暴力事件的機會**。當二位當事人抱持不同意見時，民主的機關的功能就是在雙方的利益之間找出妥協點。

您到了法院就會明白，但是民主主義並非僅單一方的勝利。會出現妥協的立場。這就是法官的角色。民主的法官不僅會探索真實——真實當然非常重要但——要把雙方利益考量進去。如此才能使民主主義發揮功能。

畢竟，即使要在一個星期內擊潰敵人不是不可能，但卻是極度困難的。想要在民主的環境當中與自己的敵人對戰時，將遵循一個非常複雜且緩慢的過程。若是如此，您可能早晚會說「戰鬥並不合理，所以我還是把精力集中在更積極的事物上吧」。這就是民主制度的角色。

民主主義的危機是，民主主義國家的市民連這些事都不明白。他們認為民主主義就是能隨意說出腦中所浮現的想法。但這並不是民主主義而是Facebook。它在全球擴散，曲解了美國憲法第一條（「言論自由」）的條文。**我們必需去理解民主主義的本質與它的價值觀**。必需去了解緩慢的官僚程序是好的。

拿我自身的案例來說，為了實現我現在所寫的這本書的合約，必需經過日本國稅局的手續。經過緩慢而複雜的程序後，最終達成出版這個結果。由於它有法律的框架，受到明顯的定義。確實的經歷這個過程後，將會產生理想的結果。在結果出來前的過程中，民主主義的制度將會檢查「有沒有什麼不法的事呢」因此速度會減慢，但我們應該認同這個手續。我們應該要滿足於生活在一個總是不符合我們預期的世界之中。這就是民主的思考。

所謂非民主性思考就是「我想要它消失」的想法。事物總是能完全發揮機能，而且若是能朝實現自己利益的方向發揮的話就可以，這種的思考方式。這並非民主主義，實際上是獨裁主義。就像中國這種獨裁國家，要擊潰自己的敵人相當簡單。如文字敘述的，有殺死敵人的方法。但是基本上在民主國家是不可能的事。

獨裁主義與「顯然的事實」

我曾說「所謂民主主義，應該是基於我所稱呼的『顯然事實的政治』之上。這才是應該守護的價值」。民主主義應該是真實的民主主義。因此，事實是十分重要的。例如人權屬於顯然的事實。沒有人想要接受拷問、沒有人想跟70個人生活在一間極度狹小的房間裡，這些都是非常清楚明白的事。民主主義接納這些顯然的事實。又或者說，因為沒有人想要被殺死，民主主義將竭盡所能使殺人犯罪成為困難的事。

至少，從謀殺中獲取利益，在民主主義之下是非常困難的。例如在非民主國家，利用殺人來獲得利益其實是很簡單的。事實上，殺手是門好的生意。但同時也是危險的工作呢！因為殺手早晚也可能會被其他的殺手消滅吧？然而要在美國這個民主國家成為一個賺錢的殺手是十分困難的。

因此，將顯然的事實考慮進去，是民主制度應有的角色。不能否認顯然的事實。而獨裁主義則是否定顯然的事實。在史達林時代，警眾式的審判上最明顯的就是，它並沒有審判。只看到類似審判的形式，並且否定掉顯然的事實。因此，我們能夠明白史達林時代是非民主的。雖然每個人都知道這並非事實，但卻假裝它實際上正在發生。那些處於獨裁政治當中的人都知道這是獨裁主義。

讓我們來看看中國的例子吧。住在中國的人都知道中國是個獨裁國家。雖然如此，中國政府卻對市民們說：「中國不是獨裁國家。我們有星巴克，市場也是公開的。也可以去麥當勞。不用擔心。我們也創造了新中產階級，我們不是獨裁國家。」政府將顯然的事實，也就是獨裁國家這個事實否定掉了。

民主主義的國家是不會做這種事的。雖然會有想要隱瞞顯然事實的時候，但並不是全面否定。舉奧地利為例吧。奧地利是一個非常民主的國家。雖然它也受到右派極大的影響。

不曉得在日本是否有被大篇幅的報導，稱為「伊維薩門」的醜聞事件。這是副首相兼公務處、體育部長與自由黨黨主席海因茨——克里斯狄安・史特拉赫（Heinz-

Christian Strache）在西班牙的伊維薩島與偽裝成俄羅斯支持者的女性對談，同意幫助她取得公共事業的合約以換取選舉的支持的過程，遭到針孔攝影機拍攝並被公開影片的事件。為此他辭去了三項職務。雖然不知道偷拍的人是誰？但這件事最終顛覆了奧地利政府。在此展現出了奧利地是一個非常強力的民主國家，沒有一個人否定顯然的事實。

當今的美國有個弱點。那就是川普政府有否定顯然事實的傾向。這是川普政府非民主的要素，非常明顯的事實被川普政府所否定。

從文化的相對性到文化的多元性

文化偶爾會否定明顯度

民主主義應該是達成「我們能對事實有共同理解」的共識。因此**民主主義的基本價值觀是 common sense（一般常識）**。所謂 common sense 是指市民對於基本應該做的事，是民主市民共通的常識。即便有各種差異，但大致上同意應該如何去做這些事。例如德國的社會福利制度就是德國的 common sense，顯然的事實。

如果可以的話，充份善用稅金使讓每個人都能溫飽是件很好的事。雖然德國還沒有達到零貧困、零餓死，但是要在德國餓死的可能性是極低的。在德國有生存的權利，並且能夠獲得實際上的生存協助。總之即使貧困也有社會性的安全網。

下一個顯然的事實就是社會性的安全網應該得到改善。不是要減少社會保障，而是應該要改善。這也是同樣的明顯。無論如何去達成目標，毫無疑問的這兩點都十分重要。無論是自己的過失也好、悲劇造成的也好，人們可能以各種因素陷入貧困之中。也可能因為自己的另一半罹患癌症或交通事故而早逝，無法忍受這些事而陷入貧窮。不應該有流落街頭或被洛杉磯幫派射殺、強姦的事件發生。您的悲慘故事應該全劇終了，這是個顯然的事實。

優秀的民主主義尊重這種顯然的事實，在面對它的時候不會去否定它。片面或不講理的民主主義，則會否定顯然的事實。但是這些悲慘故事不應該發生。因為我們對人類有責任。這就是我所說的顯然的事實。

◈多元性與相對性的不同之處

在這裡我們再一次來思考關於文化的問題吧。明顯的事實是以文化為基礎嗎？人們立即想到「這是顯然的事實（obvious fact）」是基於文化，就算明顯也可能被文化所隱藏或是有一小部分被文化所隱藏的可能。每個地區都有文化上的限制，但是文化扮演了兩個角色。

我們來看看印度的例子吧。印度宗教上的軟體，特別印度教是違反人權的，因此民主主義完全無法接受。印度教是最有種族歧視的宗教。印度的種姓制度就是種族歧視的系統，為了將經濟差距合理化而使用。對民主主義而言，沒有比這個更可怕的事了。印度教的每個區域文化不接受顯然的事實，並且否定顯然的事實。我會將它稱為**文化的多元性**（cultural plurality）。儘管如此，並不意味著它有**文化的相對性**（cultural relativity）。

例如日本的區域文化或習慣，會成為民主主義當中道德的優點，也會成為缺點。這是我造訪日本時所了解到的，不斷猜測他人的感受、嘗試改善對方的感受，成為在日本文化或社會系統中的社會習慣或友誼、殷勤好客的一環。

日本的情況是每個人都嘗試著讓每個人更加舒適。人們以高超的技術來進行這項遊戲。層次多得令人難以置信，有我了解的事物，也有我不了解的。因為我不會說日語也沒有在日本長時間居住的關係。這樣的網路對日本的民主主義而言，能夠成為優勢也會成為劣勢。即使對日本人而言是顯然的事實，也成為從外國人眼中看不見的優勢。

另一方面，民主主義上的弱點是，由於日本透過相互觀察和認知的緊密相連，這個事實使得到精神狀態的隱私變得十分困難。的確，精神狀態是完全看得見的。

◈為了跨越地區的觀點

因此，若我想用一句話來表達日本，那就是「精神可視性」。**日本擁有受到高度視覺化的心態**。與法國哲學家羅蘭．巴特（Roland Barthes）的想法完全相反。日本人對於彼此的感受宛如可以放在掌心般清晰可見，這是做為哲學非常強大的地方。意義上來說，是一個非常心靈的地方。但是它也會成為缺點。像這樣有優點也有缺點，就是文化的多元性。

因此，在全球的網路下，必需互相學習找到自己的盲點在何處。例如德國人，在預測對方精神這一點上，能夠從日本的競賽中學習到許多東西。德國人非常不擅長這一部分。與日本相反，在德國嘗試去讀取他人的感受被認為是不友善的，因此認為不應該這樣做。德國人並不會把自己的感受顯現於外表。由於太過在意也不是好事，因此把許多事埋藏在內心。

我認為殷勤好客也是德國人應該向日本人學習的。日本人在款待來客的高規格，在生意上是很大的優勢，非常聰明的系統。

簡而言之，**文化是多元性的，在某個文化當中不明顯的事物，也會在另一個文化當中變得明顯**。但是我認為也有些顯然的事實超出了該區域的觀點。不過，文化偶爾也會否定明顯度，因為對於明顯度有錯誤認知的關係。

所謂僅有一種水平的顯然事實，是存在的。我們每一個人都必需找出它是什麼。顯然的事實是什麼？我們完全不知道。民主主義也尚未到達最終階段。最終階段是一個全球的民主世界國家。在最後階段，人們經常彼此討論著關於他們所必需去做的顯然事實，並達成結論。雖然離那個階段還十分遙遠。

民主主義與多元悖論的哲學

「羅素悖論」顯示的事物

近年來，我們經常聽到多元性這個名詞。當我們敘述著有關多元性時，要如何面對反對多元性的人比較好呢？不接受多元性的人是否應該也包涵在多元性的一部分當中呢？

實際上，民主主義大概都具有這樣的悖論。例如，歐盟是否應該有英國脫歐的激進派政黨。答案是否定的。這裡就有悖論。但是它有邏輯性的解決方法。所謂多元性，在我的想法當中並不是「不排斥那些想要排擠某些人的人們（包容）」的想法。

再舉一個構造完全相同的悖論的例子。稱為「說謊悖論」，假設有一位叫做奧托的男性，他說「我所說的話全是謊言」。如果奧托所說的事情是正確的，就變成他在說謊。但如果他在說的是謊言，又變成他沒有在說謊。與這個相同的是「我們不能排擠任何人」的主張，陷入排斥那些排擠他人的人們的悖論。

這項有名的「說謊者悖論」相當受到爭議並且有許多的解決方法。其中一個具代表性的是哲學家伯特蘭·羅素（Bertrand Russell）的羅素悖論※1。可說是近代最為簡潔又完美的解決方法之一。簡單來說，就是把它想成「分成兩個階段吧」，我認為排除第二階段是沒有問題的。

說到多元性，第一階段的排斥就是指排擠婦女或黑人這種少數族群。第二階段的排斥則是排斥那些排擠女性或黑人的人群。第一階段的排斥沒有包含排斥者，而第二階段的排斥，則包含了排斥者。若分為兩個階段，就會產生各自不同的集合體。

民主主義也可以說是同樣的事情。我們應該建立一個消滅民主的政黨嗎？答案是No。我們應該對一個不寬容的人帶著敬意並包容他嗎？這個答案也是No。像這樣分成兩個階段思考的方式，就成磐石理論。

我們在民主主義尤其如此——這就是悖論——所謂排斥者也經常被排斥。

誰遭到排斥。在此，產生了兩種可能性。第一階段被排斥的是一些受苦之人（少數族群）。這種情況是不應該發生的。這就是為什麼我們要高聲疾呼多元性的原因。

進入多元性後的結果是，在第一階段造成被害者的加害者們，必需停止這樣的行為。這些問題出在哪裡？若分成兩個階段來了解情況的話，悖論就會煙消雲散了。反對多元性的人，決不是少數族群，即使是少數族群，他們的訴求也應該受到鎮壓。

不應該去尊重他們的聲音。這是很單純的事。若在職場上有「應該減少女性職員數量」的聲音，我們應該要立即排除這樣的人吧？因為這種人的聲音，並不是一個應該受到尊重的呼籲。

◈透過思考實驗確定是否錯誤

如上述，所有的現實都是真實的（real）。當然現實也有錯誤的事情。這些人的聲音是真實的，也是錯誤的。那麼，由誰來決定「這是否是一個錯誤」呢——重要的地方是，這取決於理性的分析或公開辯論。

我來列舉一個非常真實的錯誤例子，來自美國中西部的年輕種族歧視者、工作狂。我們以這個美國人為例，來簡化和追尋決策的過程。有一個叫馬克的白人年輕人。

他出生於一個富裕的家庭，是個擁有哈佛大學或某大學的學位的人生勝利組。他想創業，他是一個單身男同志，對於擁有一個家庭完全不感興趣。他每週工作90個小時，在華爾街有執牛耳的地位。私下會吸古柯鹼並且去健身房。真正的美國夢。

馬克強烈反對在工作場所中有女性職員。馬克認為，女性職員每週僅工作30個小時，有一天會因為懷孕而離開職場。即使復出工作後，也會三不五時要去托兒所的關係，而使工作變緩慢。而女性職員這種工作的方式似乎會令公司瓦解。實際上有不少這種情況。但這種對事物的思考方式十分的荒謬。

想像一下，現在每個人都在討論是否僱用這些女性員工。而馬克會有什麼樣的言論呢？他肯定會說，如果沒有這樣的女性職員，我們公司的產能將會更好。若是這樣，我們才做了這個提案。好吧！讓我們通過思想實驗來實現您的劇本。從職場上將女性消除到一個人都不留。

好！現在公司裡沒有女性了。只剩哈佛畢業的金髮妹。接下來要詢問馬克以下問題。婦女應該有權投票嗎？馬克仔細思考他的情況後，肯定會這樣說：不，像我這樣推動社會發展的人應該要決定社會的發展方向。如果把女性也包括進來，將會投票給反對我們意向的人。那就是產能下降，剝奪婦女的投票權吧。

接著詢問馬克，你知道你腦中描繪的是個什麼樣的社會嗎？此刻，馬克第一次意識到那是一個近乎納粹或法西斯主義的社會。甚至，女性應該被排除在公司之外這個最初的決定，也是從馬克的邏輯中所導出的結論。在仔細的考量自己的提議後，不得不說出女性不需要投票權。如果在不違反邏輯的考量下，將會得到這樣的結論。如果女性會令公司瓦解的話，那麼對於民主主義不會有好的影響嗎？我是這樣想。

這就是為什麼長期以來女性都沒有執政權的原因。因為有這種想法的人存在。因此，我們能夠了解到這種思維模式，弱化了民主的歷程。這是違反民主邏輯的簡單範例，實際上還需要經過更多的討論階段。這可能是一個被非常理想化、單純化並帶有偏見的故事，但是也許可以讓我們大致了解意思決策的過程。

◈所謂全人類都錯的，是個因子

現在讓我們來思考看看一個相反的例子。有一位女性想對社會做出貢獻。她是一位有幾個孩子的母親，因此她擁有別人所沒有的想法。她以身為一個女性及母親的思想和經驗，對於擁有女性顧客的企業而言是非常重要的。

這個女人引發了關於多元性的辯論，最終演變成了一場經濟辯論。不僱用女性員工的公司可能會流失許多顧客。也有觀點認為，偏向某一方的企業不是好的企業。這是一個相反的案例。

身為一位母親，會有不得不離開工作的時候。我的妻子也是一樣。因此，女性參與工作——接下來我們必須考慮父親——必需這樣思考。「我們必需與『全人類都是錯的』這個事實共同生活」。我們不應該將「人們應該是這樣的」這種模式，強加於社會系統內的每一個人身上。由於這種模式與人類現實不符。這成為多元性的理論依據。「人類多少都有些不同」這個事實（fact），就是多元性的理論依據。稱為多元性的事實。然後，我們不正在嘗試著將這些事實投影到我們的社會上嗎？我們來列出應有的利弊面。

在缺點或明顯的反對意見下，有這樣的說法，女性的工作時數終究比男性少，不是嗎？這或許是統計上的事實。統計數據當中將有孩子的女性的終生勞動時間與父親相比較，確實是比較少。一般而言，統計有顯著的差異。但是，當我對它進行說明時，只是回到了「每個人都不相同」的這個事實。

那為什麼不根據這樣的事實給與女性這種（工作方式的）可能性呢？順帶說明，在這裡並不是說「女性應該成為母親」，而是指「女性可以成為母親」。成為一位母親是件無法強迫的事，而母親的形式有很多種。每位女性與她的孩子會築構成，不同的關係。但是，這種類型的母親肯定不存在。從統計學上來說，有這種類型的可能性很高，這樣的話給予這一類型的母親更多的工作與支持如何呢？制定這些戰略來營運一家真實的公司是完全可行的，它是管理中的「新現實主義」。不要否定企業結構中的事實並且認真的去思考。說不定在公司內設立一個設施完善的托兒中心會是一個好主意呢。如此一來，媽媽們就不會浪費時間了。

現在來說，父母的工作場所和托兒中心是分隔兩地的。若孩子發生問題時，母親別無選擇，只能離開工作場所去接孩子。到托兒所，然後再回來工作。終究會浪費許多時間。不僅是托兒中心，若能在公司內設立醫院就更好了。對我來說，我更想去就醫而不是開會。每個人都會有這樣的一天。只因為我們都是人類。

◇尊嚴是何物

想想看有關「人類的尊嚴」吧。**所謂尊嚴是指「人類有時是基於人類生存的概念來生活的動物」**這種事實。人有人的形象，是自我的概念。我們依循這個概念行動除了人類以外，沒有其他物種會與我們所知道的物種一起行動。獅子不需要去煩惱獅子代表了什麼。獅子很聰明，可以做很多事，但是他們沒有為了找出獅子的真實身份而研究獅子本質的部門。

而人類會進行這樣的研究，這就是萬物之靈。由於我們仍然不知道我們是什麼，只不過是試圖去了解。這是人類的尊嚴。所謂人類的尊嚴，意味著人類這個動物處於可以思考關於「他」真實身份的情況。那些在奧斯威辛集中營的人無法去思考人類的本質。他們無法去思考明天。這樣一來，直到他們死去都和失去了尊嚴沒有兩樣。因此，若您攻擊某個人的尊嚴，就等同於攻擊了他的精神。

來舉一個例子。若您在工作上遇到了麻煩，將很難將精力集中在豐富自己的生活上。假設您喜歡歌劇，但是與同事產生摩擦時，將無法享受歌劇。因為不斷地思考著衝突。

換句話說，您知道這位同事傷害了您的尊嚴。當人的精神狀態自由時，自己就會意識到尊嚴。所謂人類的尊嚴和人權等概念意味著「政府的角色，是將您的精神自由提升」。

因此，如果歧視主義者說「我歧視女性。但是歧視女性是我的權利。若這一點受到了侵犯，就是損害我的尊嚴」時又該如何呢？這很簡單。**損害他人尊嚴的人，同時也在損害著自身的尊嚴**。厭女症患者（女性憎恨者）也在降低自己的尊嚴。尊嚴有一定的程度，尊嚴永遠不會為零。當它達到零時就不再是人類。因此，尊嚴最高等的是聖人。這是個單純的理念。指的是完美的人類。每種傳統文化都有一個智者是完美人類的幻想。那是最高等級的尊嚴。

最低等級的尊嚴，是像希特勒這樣的人。儘管如此，他也有尊嚴，不應該被殺死。若逮捕了希特勒後，只需要將他關進監獄。對他而言，這是永久的。不可以將怪獸放出監獄。但是也不能殺死它。若殺了他，將變成沒有尊重他的尊嚴。這就是德國的反死刑主張。這就是為什麼德國沒有死刑的原因。如果殺死那個人，則那個人的尊嚴被視為零。

將一個人視為零尊嚴意味著也會將您的尊嚴視為零，並且與兇手一樣。死刑是指某人殺死某人。是最明顯的違反基本道德的行為。任何系統都不應以奪取他人性命來作為懲罰。這也是一個顯然的事實。

【註】

※1 所謂的羅素悖論。是羅素用他自己稱為「類型理論」的學說，來解決了這個矛盾。這項類型理論指出「不能使用其自身元素的概念來定義一個集合」，並且所有的事物都是分層思考的。

第5章

資本主義的危機

共同免責主義、自我全球化、良心企業

全球資本主義回歸國家？

資本主義帶有的「惡」的要素是什麼

資本主義是當前的根本危機，是人們賦予它「全球化」特徵的這件事。所謂資本主義，原本在本質上特別是指工業產品的生產模式。**資本主義的危機與民族國家被發明有關**。現代民族國家的誕生過程與工業化的過程是相似的。實際上，全球化是一種全球產品的交易，它不受任何（民族國家的）法律框架的完全約束。

從一八三〇年代到第二次世界大戰結束前的這段期間，美國對世界上進口的工業產品徵收了世界上數一數二的高額關稅。此外，德國在俾斯麥（Bismarck）的帶領下，透過貿易保護主義跨越了19世紀末的經濟衰退。**綜觀現在川普總統的貿易保護主義或歐盟的瓦解，我感受到了「世界歷史的指針正在迴轉」**。首先，我們目睹的保護主義從未停止過，而且（完全的）全球自由貿易也從來都還沒有發生。某一些產品正在全球流通著，但所謂的全球經濟尚未成為現實。因此，無論您去到哪個國家，都對自己國家的產品有一個程度上的保護。

因此，近五年來，全球經濟已轉變為一場激烈的經濟戰爭。其中最顯著的形式是唐納・川普所發動的貿易戰爭。但是他只是說出實話。並非指川普發明了全球經濟戰爭。這只是將他人正在進行的事情做言語的表述，對於每個人所遵循的規則做清晰表述。

這一項危機與網際網路上的危機雷同。沒有受到法律限制的全球經濟顯然是一個問題。那是資本主義的最大危機。工業化不受任何全球國家的控制。全球資本主義經濟需要一個世界性的國家。否則它將會崩潰。**沒有全球民族國家，全球經濟將永遠不會運轉**。唐納・川普十分了解這一點。身為一個掌權者並且在實際上參與了這場經濟戰爭，他便很快地意識到全球民族國家並不存在。

這裡存在了悖論。唐納・川普捍衛著自己的民主主義。他知道，像美國這樣的民主國家政府寥寥無幾。因此，川普並沒有破壞民主的基礎。他並非大家所說的獨裁者，相反，他保護了身為工業化潛在條件的系統。這是他思想的一部分。

川普的思想是有道理的。為什麼要進入一個完全不同工作環境，與像中國這樣的參與者進行產品交易的市場呢？而且是在不受任何法律約束的情況下。就如同與一個沒有規則的巨漢展開鬥毆一般，很可能會被殺死。這是魯莽的。要擊敗這樣一個巨漢需要規則，而川普正嘗試著建立這樣的規則。

總之，川普現在正在做的事情是對的。這就是悖論。思想界的理論家很少認同他，但我認為理論家在解釋唐納．川普所做的事情時，必須保持中立。但是幾乎所有人、所有的哲學家都本能地攻擊川普。首先，這是哲學家的角色，其次，川普看起來似乎是一個壞心眼的人。但是無論他看起來像是什麼人都無所謂。重要的是要詢問現在正在發生什麼。目前為止，我認為這種川普現象還沒有得到適當的理論化。

無論好壞，川普都意識到工業和民族國家是一體的這個事實。他正在努力地保持這個事實。我們知道，如果我們進入與中國、俄羅斯和伊朗相同的全球經濟，世界的民主主義將會潰堤，就是如此簡單。這是個悖論，但唐納．川普正在非常複雜的局勢中捍衛著全球民主。

◎資本主義具有邪惡的潛力

我們共同的問題是，包含所謂新自由主義理論家，幾乎所有人的資本主義理論，都以馬克思的資本論為依歸。確實，馬克思的資本論為思考資本主義提供了一項工具。但是，馬克思的理論是完全不足的。

資本主義只不過是對勞動分工的回應。資本主義利用勞動分工將「一個人不知道另一個人在做什麼」這個事實轉換為價值。那就是資本主義的事務。

對方不知道您在做什麼，那就成為您的優勢。從一個人不知道自己在做什麼的觀點，您將能夠計算可收取的費用。如果知道，則無法收取該金額。您必需假裝自己的產品比實際上優秀許多。即使對方並不真正相信也必需假裝相信。因為他明白他必需購買您的商品。

這就是資本主義的「謊言」。資本主義本身是一個不透明的系統。資本主義無法保證透明度。否則它將無法正常運作。因此，**資本主義本身不一定是邪惡的，但是資本主義具有「邪惡」的潛力**。

因為這個理由，許多民主理論家批評資本主義是「試圖以相反的方向引誘人們」。這是因為在民主主義當中很重視透明度。但是這種批評是不必要的。需要的是對能左右生產情況的資本家進行民主思維的培養。不是像著名的慈善家比爾・蓋茲或喬治・索羅斯這種層次，而是中產階級的資本家。

「良心企業」奠定了22世紀的政治構造

解決資本主義矛盾的「共同免責主義」

請想像假設一間大型國營企業的一個部門，僱用了數名倫理道德學家。這將會變得與目前的模式不同。並非嘗試透過使用遊戲理論來利用消費者和生產者之間差距的經濟學家，而是倫理學家。

想像看看，豐田有30名專業倫理道德學家。假設倫理道德學家需要對環保汽車的生產、汽車的設計以及要購買哪一個業者的股票做出判斷與決策，並向CEO（最高執行長）提交報告。資本主義將會徹底改變。因為倫理道德學家們會大喊「天哪！如果照這樣執行，我將會殺死兩百個人！」

「照這樣執行，將使汽車的價值增加，但在（供應）鏈末端的那些人們將會死亡」的可能性，在現在已被完全隱藏。實際上，豐田並沒有倫理道德學者的團隊，因此這種可能性沒有被暴露出來。有的是經濟學家，但經濟學家沒有把某人可能會死亡的可能性納入考量。我們應該要擁有倫理道德學家干預的結構。**倫理道德資本主義**是完全可行的。沒有人提出這一點的原因很簡單，因為每位倫理道德學家都批判著資本主義。

某種意義上來說，資本主義是不可避免的。因為我們必需給與勞動力定價。當我遇到一個真正的共產主義者時，我必定會問「你想完全廢除勞動角色分工嗎？」然後他們回答「是的，我們仍然必須廢除它。勞動的角色分工是不可行的。」我只能說「加油吧！」因為這意味著如果想吃鮪魚，首先必須開始出海捕撈鮪魚，要在哪裡取得切鮪魚的刀子？還必須自己製作刀子。否則沒有辦法準備晚餐。沒有勞動角色分工的話，將會餓死。勞動角色分工是無可避免的。

實際上，它沒有正確完成。包括資本家所有人都以資本主義必然是邪惡的為前提。但是（本質上）資本主義不一定是邪惡的。它是現代化的偶發產物。

◈ 所謂「共同免責主義」的提案

這是為什麼我們需要另一個稱為道德資本主義的系統。我所建議的模式是**co-immunism（共同免責主義）**。比起共產主義（communism）我們更需要的是共同免責主義（co-immunism）。這是我向彼得．斯洛特戴克（Peter Sloterdijk）※1借來的一種表達，他以完全不同的意思來使用它，但是在這裡我所假設的是「所有人、社會制度、全球社會的一員——無論是誰，當然也包括民族國家——它以合作模式為基礎」這個意思。京都學派的某人也有類似的想法，稱為合作主義（cooperationism），我認為這也是一個好的想法。

社會各階層的人們必需共同努力。社會的目標，包括了企業的目標，應該是「改善人性」。不是提高收入，而是改善道德。這是完全可以實現的。

Facebook承諾提供道德，但這一項承諾並沒有兌現。提供的是與之完全相反的。他們提供的是解放。每個人都可以自由。那就是他們賺錢的方式。另一方面，如果有一間企業不假裝出賣道德而是**真正出售道德，那家公司將成為一個可持續發展的巨型**

企業。

反正什麼都不用說，所有公司都應該聘請道德專家來修正資本主義。企業裡有數理模型專家。因此，每個公司都十分擅長數學及統計思維。但是，道德學家在哪裡？沒有。加州有一些企業設有倫理道德學家。目前我與Salesforce和Google等公司合作，在那裡有倫理道德團隊。雖說只是個很小的團隊，但還是有。這應該成為世界的榜樣。CEO們不是要說話而是必需傾聽他們所說的。那將會解決許多問題。

我現在正與德國的企業合作建立這種模式，這就是解決資本主義危機的方法。先前我曾提到關於道德普世主義，正常的人沒有人會將30個嬰兒扔出窗外。大企業現在正在做的等同於把成千上萬的嬰兒扔出窗外，但是他們沒有意識到這一點。因為對他們來說，這只是個抽象的想法。因為實際上從窗戶扔出的嬰兒是看不見的。

同樣在納粹德國統治下，一般的德國人也知道猶太人遭到殺害。但他們並沒有親眼目睹。這就是為什麼我能夠同意猶太人最終是因拷問而死亡這種系統的原因。因為它是看不見的。若是看不見的疼痛，除了受苦的當事人，就會感到不痛不癢。

如果在公司內部設置道德倫理委員會，並且確立委員會的角色並讓他們得到適當的酬勞。獲得完整的雇用保障及職位保障。如同大學的終身教授（tenure），應該設定一個不會被解雇的模式。

◈不偏向短期企業利益的方法

換句話說，道德倫理學者的觀點會影響CEO的決策。例如，現在阿根廷要對美國銷售大量的檸檬。倘若阿根廷的農業部門有設置道德倫理委員會，委員會會對二氧化碳排放量或除草劑的使用情況進行審查。並且借助於數學家和科學家的協助，向CEO提出這項交易可能會造成多少動物和人類的死亡，以及在何種情況下會感到痛苦的現實評估。在CEO簽署決定銷售檸檬之前，必需先聽取倫理學家的簡報。

請想像您是這間公司的CEO，我告訴您「大約會有五千人將死於可怕的癌症。大家將會變得貧窮」，並提供大約情況的相片給您過目。我的疑問是，您會依照自己的決策簽署嗎？您應該會說「讓我們找出更好的解決方案吧」。應該至少會有幾位CEO會這樣說。不這樣說的CEO會遭到姓名公開。因為它是透過終身職的道德倫理委員會內部指控的。那麼，這位CEO離開企業只是時間的問題而已。這就是解決的形式。

人們會說「這真是個好主意，但實際上很難執行。」不過必須讓人們知道，如果CEO們不這樣做，大家都會喪命。這是一個建議，應該還有許多其他好的建議可以解決資本主義危機。我的假設是從現在開始，我們如果不解決這項危機，那麼在未來一百年內，我不敢說是全人類，但是將會有成千上萬人類將死於一場大災難。這是因為人口過剩及糧食生產不足等所產生的新問題。

例如，為了栽培約足以供應八十億人口的糧食，必需改善農業。這些需要無人機和地面機器人的幫助。日本居於該領域的世界領導者地位，正持續尋找各種可能的方式。若我們沒有找到現在全人類問題的解決方案，所有的人類將會滅亡。

沒有一個CEO希望他的孩子有這種遭遇。這就是為什麼我必需說服CEO，現在必須這樣做。必須堅持將其視為與CEO想法符合的企業主張。遵守道德倫理規範能夠使公司提昇產能並賺取金錢。總有一天，我會讓眾多具極大有影響力的企業認同這些。那是我的目標。

我的提案是應該創造所謂共同免責主義這個概念，如果欠缺這些，人類的問題就無法解決。必需有人解決這個問題。

誕生於全球化與民族國家辯證法的「自我全球化」

如前所述，資本主義與民族國家密不可分。但是建立了全球經濟，就會在一定程度上破壞民族的基礎。這是另一個問題。同時也延伸到了第三個問題。在民族國家與全球化的「自我全球化」的經濟之間產生了應該稱為辯證法的現象，使保護經濟或不參與全球化經濟的國與國之間創建出一種新的破壞浪潮。不能參加的國家，具體來說，就是非洲等國家。

大約有三分之一的人類不包含在這個系統之中，使它們無法從外部被可視化，這個辯證法產生了這樣一群人。如果您被迫在一個貧民區中，與可能成為食物或待售物品的垃圾為伍的孩子們一起生活，就會明白我現在說的是什麼。對於許多人而言，這就是現實的日常生活。我不太清楚現在的數字，但是無論如何，有很多人處於這種情況下。處於性命取決於是否使用這些垃圾的情況下。

這是一個非常嚴重的情況。這類人一個都不應該出現。回到先前所提的「道德（moral）普遍性」，若是認真地考慮這種情況，應該沒有人會說「不，我覺得沒差」。想像一下當您在享用牛排時，必需觀看一段因為這份牛排而受苦的孩子的影片。重點是，提供的是使孩子不受苦的良知商品道德牛排（道德性商品）或是使孩子受苦的非道德牛排。遲早會沒有人願意消費非道德牛排吧？如此將無法打從心裡享用這份牛排。而我們現在正處於這樣的情況。我們遮蔽著它，好讓自己看不見。這是策略之一的保護主義。「這樣符合國家利益。你們想成為非洲人嗎？不，沒有人願意成為別人。所以我們要保護這個國家」用這樣的說法來將它合理化。

◈ 由資本主義衍生的「內化的他者」

資本主義持續地產生「內化的他者」。由於資本主義的結構就是如此。現代的資本主義不可避免地產生出被剝削的團體，數量相當驚人。

製造自己想要消費的產品的人是「內化的他者」。例如製造自己駕駛的汽車的人，就是第一階段的「他者」。但是根據汽車的生產地，製造者也應該享有人權。我駕駛的是德國汽車，但我並不知道它實際上的產地再哪裡。不是德國，是在某個地方，德國參與了生產線的某一個部分。

汽車輪胎中的橡膠是來自哪裡呢？必需為了我的汽車上製造這些橡膠的人，十之八九都是處於比技術實驗室更加複雜的環境中組裝東西的人更加惡劣的工作環境。這就是「內化的他者」。

我搭乘公車去大學，但我並不想開公車。公車是由其他人駕駛。對於駕駛員來說，開公車總比沒有任何工作而挨餓要好得多。生產鏈將我們與飢餓，公車司機，甚至於不需要擔心自己生活的超級億萬富翁串聯在一起。億萬富翁也許也有他們的煩惱，但總會有這樣的等級制度。

問題在於，並沒有將這種等級制度下降水平的趨勢減弱。相對來說，對下階層的人們而言，情況似乎好轉了。但是**從絕對數來看，人類歷史上下階層的人數從未如此的高**，因為絕對人數在增加。無論相對水平是上升或是下降，下階層的絕對人數都在增加。

全球資本主義正在製造人類前所未有的貧困。如前所述，斯蒂芬・平克（Stephen Pinker）說「貧困正在從世界上減少」但他只從相對分布的角度來看。相對分布也是一個好的說辭，但真正應該問的不是「這是怎麼一回事」，而是「有多少人因為製造商品的公司而餓死」在這一點上，它還不像今天這樣嚴重。

◎何謂良心企業，以及道德的資本主義

例如，與中國或美國相比，日本與德國的經濟成長都慢得多，因為它們太久沒有提出好的方案了。現在，改革的步伐很快，需要每十年就提出新的構想。美國人在第二次世界大戰之後，每十年就會提出新的技術構想。這也是一個相當新奇的構思。在非技術方面也是如此．我們所需要的，就是這些構想。

日本在數位科技領域，提出了各種劃時化的構想，只是暫時還沒有好的想法。這些國家，尤其是德國和日本必需做些什麼呢？兩國都十分倚重汽車工業，因此，若德

國或日本能解決汽車ECU（引擎控制單元・Engine control unit）的問題，那將會是下一個構想。

很顯然，我認為下一個構想是解決環保危機。就是我所謂的「良心企業」。解決環保危機的公司也將決定22世紀的政治結構。

因此，下一步必需要提出真正考量環保的構想。如果科學家們發現了純淨式的核能會如何？近來德國經歷了幾次嘗試，但沒有一次奏效。即使發現了核能的替代品，如果無法順利運作的話也是徒勞無功的。我們需要能使工作順利進行的物品。也許能夠做出在物理上好好運作的物品。不是核融合反應，也可能還有其他的東西，只是尚未發現。能夠提出這個構思的國家，將成為22世紀的代表之地。

下一步將是從善行中賺錢，也就是「**道德資本主義**」。這是一個極其簡單的方法，目前除了一個組織以外，沒有人想到過。是誰提出來的呢——是天主教會。據我所知，它是人類史上最成功的「企業」。埃及的祭司也正在良好的狀態之下，但近年來，應該說近五千年來經營時間最長的「企業」就是天主教了。他們銷售什麼？什麼都不賣。他們只出售不確定是否能兌現的承諾。

基督教信徒人數包括新教徒在內約超過2.5億人[※2]。比Facebook用戶還要多。天主教會銷售的是道德，這是所有您能夠得到的。

例如在德國，您必須繳稅才能成為天主教徒或新教徒。從您的工資中扣除稅金。我記得大約是6%，是個可觀的數字。

無論如何，下一個重大事件肯定將會是「道德資本主義」。

目前的先進國家，物資氾濫，消費意願也趨於低落。

想像一下，**接下來您要購買的是更好的生活（better life）**。我已經擁有一切，也擁有車。但當被問到我是否想要更好的汽車或對更好的車是否感興趣時，我並不到那種程度。我們都知道汽車對環境有害，有現在的車就足夠了。但若有人提供這樣的交易要如何因應呢？讓您每兩年自動更換一次汽車的定期服務。能夠替換為比目前更昂貴並且在生態方面也更加卓越的汽車。如果有這樣的服務，我應該會註冊吧。

行動電話也可以考慮相同的業務。目前如果智慧型手機故障的話，一般都是購買新手機來替換，只是購買新手機會造成環境破壞。因此，我們將設立透過購買更換產品與環保連結的定期服務。或者是如果購買了新的智慧型手機，就會在非洲設立一所學校（部分利潤返還）。若註冊十年期的定期服務，則可以在十年後去看看用您的資金所設立的學校。也會負擔您的旅費，您可以與當地的孩子們見面。……若是如此，每個人應該都會註冊這項定期服務。

從現在開始，我們應該制定的是一個**因為購買「昂貴的商品」而給與所有人滿足感的對環境友善的定期服務**。必需利用消費者心理。如果想要購買非常昂貴的物品，就必需為之全力以赴。在這樣的系統之下，這種努力最後將改善人們的人性。

如果平均壽命的大致情況受到社會學家及企業的研究，並在人生中的任何一個過渡時期開始接受定期服務的話，會變成什麼樣子呢？由於提供服務者也面臨競爭，因此它變成了真正的資本主義。如果這些服務全部都考慮到環境保護，那將有可能實現。這也許是我們目前所面臨問題的根本解決方案吧。

為逃脫統計式的世界觀

來架構「大道理」吧

由柴契爾主義、雷根經濟學開始推動的Neoliberalism（新自由主義）[※3]現在變得越來越強大，人們似乎都臣服於它。後現代思想，可以說是在無意之中對新自由主義伸出了援手。用後現代主義的思想將新自由主義合理化是很容易的。因為新自由主義者不假思索地，說出「你瞧，什麼都有，所以是OK的。」沒有批評後現代思想的力量。後現代思想唯一批評的是，那些具有極度自私的想法和堅強的信念的人，僅此而已。相反地，無法批評後現代思想的是那些僅相信統計學想法的頑固人們。

我認為這與它有明確的關係，許多新自由主義理論家都具有直接和間接的後現代思想。統計世界的觀點比我們想像的，要後現代得多。現代性最初適用於非統計事實。啟蒙運動沒有統計的世界觀，概率計算是於啟蒙時代發明的。換句話說，統計式的世界觀產生於19世紀，並在20世紀正式發展。

為了逃避新自由主義的詛咒，改變商業倫理道德（經營倫理道德）並**返回經濟倫理觀**。關於新自由主義自我毀滅有一個很好的例子，現代的英國。如同文字敘述的一般，英國他們選了最無能的政治家鮑里斯・強森（Boris Johnson）作為總理。他被認為應該是，如同唐納・川普一般的人物，但事實上卻不是這樣。唐納・川普，無論討厭他的人怎麼說，他都是個非常有能力的企業家。一個非常成功的人。鮑里斯・強森不及川普的財富，我認為他只是個小人物。

英國的自我毀滅，是由未見衰退的英國脫歐及其環繞它周圍的鬥爭引起的。他們將繼續扯著彼此的後腿。沒有其他地方像英國那樣，具有新自由主義了。他們深信與反對的力量作鬥爭，並衡量計算可能帶來的後果的確定率是好的。這是純粹的統計式世界觀。如何達成目標並不重要。無論如何都為爭取利潤而戰。我希望能在適當的時候實現自由。這是海耶克理論的基本思想。經濟學家佛烈德利赫海耶克（Friedrich Hayek）[※4]相信統計世界觀會自動增加所有人的自由。那是他思想的一部分。正如您在英國所看到的那樣，這是一個錯誤。若您認為投票給鮑里斯・強森或和奈傑・法拉吉

（脫歐黨黨魁）是一種自由，那麼您的自由概念相當扭曲。我認為這並非自由，而是生命的威脅。我的美國朋友說，美國的自由是無家可歸的權利，但這樣的話自由在哪裡呢？聽到可能會無家可歸，我一點都高興不起來，這可不是自由，而是生命的威脅。

◎新現實主義 vs. 新自由主義

對於英國也是如此。那些投票支持英國脫歐的人認為，他們炫耀著自己的自由。大家都知道，奈傑．法拉吉或鮑里斯．強森是愚蠢的，但是由於他們的固執，他們投票支持英國脫歐，並且說「這是我們所期望的。」並且沒有人試圖採取措施。這是由於新自由主義模式，憑著固執和統計證據就很容易被吸引到想要去的方向。不需要價值觀，他們相信，新自由主義的體系是獨立運作的。否則，他們將不會冒險擁有這樣的議會。對英國而言，美國不是新自由主義者。因為美國以價值為理念，例如，它是在美國的優勢基礎上運作。畢竟，美國在總體上是一個荒謬的保守群體。除了純粹統計、經濟戰和遊戲理論之外，美國還擁有非常強大和非常保守的價值體系。美國在全體上是一個荒謬的保守群體。因此，我們可以共同抵抗新自由主義。但在英國並非如此。

在這種情況下，「新現實主義」能夠抵抗新自由主義的是什麼呢？**「新現實主義」教會了我們關於人類行為主體性或作為一個行動者（行為主體）的新概念**。新實存主義（neo existentialism）——這是「新現實主義」中人類行為的理論——認為人類是完全理性的，認為人類的理性不是統計事實，改變了人類的觀念。

提倡「新現實主義」的我們，確實地面對每一位行為者。它不是只被視為社會系統中的機率密度函數，這就是「新現實主義」。而**新自由主義是一個忽視人類生存的系統**，認定一個特定的人是否存在並不重要。那是新自由主義的根本錯誤。

◎「大道理」的架構是必要的

為了防止這種資本主義毀滅人類的情況，我現在正在與各種學術領域當中最適當的領域合作，共同創建了「大道理」[※5]。我在幾本書之中詳細介紹過它，也呼籲各種不同的人，請他們協助我建立理論。現在我只是提出自己的主張，但是未來，我的目標是提出一個客觀的主張，希望您能幫忙建構這個理論。

我們需要大道理。馬克思的『資本論』也是一個具有極大影響力的大道理。黑格爾的思想理論也是如此。它們屬於近代的偉大理論。也影響了現代事件。在西方，亞當・史密斯（Adam Smith）和約翰・洛克（John Rock）也是如此，而在東方，則是毛澤東。有許多的大道理。

我們真正需要的是一個新的巨型理論。它必須是一個能夠完全改變經濟體系的理論。因為現在大學研究部門的組織，正在仿效現代資本主義中對人們有害的勞動分工角色。大學並沒有定義自己的目標。經濟體系的目標應該是提升人性。**所有類別的學科都應該持有相同的目標**。目的是**「理解人類及人類幸福（福祉）的情況」**。

一般來說，我對闡明宇宙結構的研究感到興趣。無論宇宙的結構如何，都與人類的生存無關。我並不是指我對現實世界不感興趣，不過請想想，有必要延遲解決能源問題而進行宇宙構造的調查嗎？若是所有物理學家，都努力朝著解決自己領域中的能源問題的目標而努力會變得怎麼樣呢？研究結果一公布後，就陸續產生諾貝爾獎的得獎者，所有研究結果將立即受到政府採用。若發生這種情況，就應該再重新學習基礎物理學。

物理學家也許曾發揮過一次作用。但我必需說清楚，破壞這個星球的正是物理學家。人們常說哲學是無用的，物理學是有用的。這是錯誤的。物理已對人類造成了莫大的損傷。

我想物理學真的需要做一些有用的事情。哲學家已經開始建立拯救人類的大道理。我認為物理學家也應該做些什麼有用的事。

【註】

※1 德國哲學家，社會學家和作家。他的著作包括「犬儒理性批判」。

※2 依據二〇一六年東京基督教大學JMR的調查報告。

※3 重視市場原則，並透過放鬆管制或推動民營化來實現經濟成長的想法。

※4 被稱為新古典派，使用數學對經濟進行分析的經濟學派的創使者之一。它被認為是自由主義思想數一數二的代表思想家之一。

※5 美國社會學家C. Wright Mills所提倡的一個名詞。指不依賴特定社會或經驗的社會或經驗，而是指關於社會或人類經驗的廣泛理論。

第6章 科技的危機

「人工式的」智慧、應對GAFA的策略、溫柔的獨裁國日本

為所謂自然主義最嚴重的知識疾病

我們太過輕視人類

我經常說「自然主義[※1]是現代生活中最嚴重的知識疾病」。簡單來說，自然主義可以賦予它多種含義，但基本上分為兩個要素。一種是形態上的，另一種是對人類文明帶來巨大影響的。前者是意識形態，後者是它們的實現。這兩者為一組。

讓我們先解釋一下前者。自然主義的意識形態是「世界上不存在非自然科學對象的主體」我認為獨角獸不存在，因為在動物學的進化譜系中並沒有發現它們。我也認為漫畫人物和夢中出現的東西都是虛構的，並不存在。

那麼存在的有什麼呢？例如大腦的狀態。因為可以透過神經科學來測量大腦的狀態。產生虛構事物的原因，完全是因為大腦。「只有自然科學認定存在的事物是真正存在的，只相信自然科學。不相信所謂常識或文學理論、政治或您自己的感受」——

雖說草率，但這就是自然主義的信念。

將這些意識形態以形而上學的觀點來實現，是自然主義的第二個含義。人們的想法是「人類從人性當中能獲取的，只有自然科學和技術的發展」社會的發展被認為是不存在的。因為在自然主義當中，社會被認為是不真實的。自然主義者的認知裡，社會就是一個由一群靈長類動物互相擁擠和廝殺，又因某種原因停下來的地方。是過去的研究裡所表明的。

自然主義者認為人類簡直就如同黑猩猩一般。以知名的哲學家及自然科學家雷蒙．塔利斯（Raymond C. Tallis）的作品中，有一本叫做「模仿人猿的人類」（原書名 Aping Mankind）的書籍。這些自然主義者僅將人類視為「我們人類是比殺人的類人猿更具哲理性的存在」。

◈ 自然科學並不能論述價值

問題在於「自然科學和技術的發展就是一切」的想法將會摧毀地球。這種想法導致了化石燃料、核能、飛機、人口過多、新型癌症等。也就是說，它是一種使人類滅亡的自動裝置。透過自然科學技術的發展，這已經有達到達到。我也明白了那些關注於諸如此類的知識，並誤解自然科學的本質。

我是科學現實主義者（scientific realist）。我認為自然科學是正確的選擇事物。費米粒子，玻色粒子或ＤＮＡ都確實存在。我並不否認它們的存在。自然科學的問題在於它否定了道德倫理觀。從自然科學的角度來看，道德倫理學是無法研究的。**因為自然科學無法找到世界上存在事物的價值**。在物理學的世界當中，當我們研究人類時，我們會用「某種動物行為」的觀點。但從「動物行為」的角度來看，無法認識人類的價值。價值是一種行為規範，而行為規範就例如「不可殺人」這樣的事。聖經中所說的「不可以殺人」。

儘管如此，有人還是會殺人，所以我們才需要禁止殺人的行為規範，但是自然科學家，卻沒有這種行為規範的概念。只能從「有些人會殺人，有些人不會殺人」的觀點來看待。行為經濟學也是如此，僅關注人類行為。完全不在意行為規範，並且否認行為規範的存在。這意味著自然科學，目前是地球上最具破壞力的元素。氣候產生變化是自然主義的責任。人們總認為解決氣候變化要運用科學的力量，但實際上，科學才是形成的要因。

◈信奉科學就猶如回歸原始宗教信仰

在自然主義當中也可以說「世界歷史的指針正在迴轉」。從哲學的角度來看，自然主義是一個非常原始的思考方式。我第一次提倡的，是一個被稱為「前蘇格拉底哲學」的哲學，它在公元前6世紀左右的地中海沿岸脫穎而出。當時它引起了關注。另外，德謨克利特說到「這個世界上只有原子和空虛的存在」的原子理論。其他的哲學家也說，萬物的根源是來自火又或是土。抑或是補充火與土、水及空氣這四大元素等，提倡了各種不同的說法。他們是早期的自然主義者，而物理學也是由此興起。

如今，許多自然科學家，尤其是那些經常出現在公開場合的科學家，經常提出哲學主張。已故的理論物理學家，霍金博士最暢銷的著作當中，完全沒有討論到物理學。只寫了一個方程式。在物理學當中方程式就是一切。如果你聽他說的話，我認為或許閱讀菲利普・迪克（Philip Kindred Dick）的科幻小說[※2]應該會好得多（笑）。

這是自然主義的問題。當權者、政治家以及文化教育科學部門的人們，凡事都仰賴科學家的意見。若是企業則一切都向經濟學家諮詢。但是他們對這些事根本不擅長。不要詢問學者關於專業以外的事項。否則，您將得到胡扯一通的建議。

對科學進步的想法已變得如同原始宗教一般。若是如此，反而變成了真正的迷信。我們必須與科學主義「科學的進步能拯救人類」的迷信纏鬥。

自然科學的進行無法救贖人類。然而，如今人們所信奉的正是「託人工智慧的福癌症才得以根除」的想法。假設消除癌症的日子接近了，那為什麼我們在搭乘飛機時仍然還會中耳發炎呢？無法解決中耳炎症狀，卻能夠消除癌症？怎麼想都覺得奇怪吧？

◎不能被媒體宣傳的「科學成果」所欺騙

思考一下社群媒體如何報導科學新聞，Facebook、Twitter或是其他網路媒體都一樣，每天都有報導聲稱「有新的科學發現」。當每天聽到有基因改造的嬰兒在中國出生的消息時，每天在世界某些地方就會產200位的諾貝爾獎得主。並讓人抱持了在10年以內，令人感到身體不適的情況，將不復存在的印象。然而，某一天感到身體不舒服，去了醫院，假設被宣告罹患了膀胱癌。在這個醫療先進的世界當中，感到自己彷彿是唯一的病人——感覺到這就是我生命的盡頭。

當然，癌症研究的發展與日俱進，但是必需解決的問題還是遲遲沒有解決。我們甚至還沒有接近醫療保健所承諾的未來。這就是現實。當然對某些東西很有用，但只不過是生產了新的電腦產品罷了。如果要像這樣投入金錢，最好投資在真正的醫學研究上。

當然，並非所有人都是如此。如今，有些人認為醫生不也正是由人工智慧來協助他們的嗎？例如，透過大數據分析將提高發現癌症的演算法品質。那種事是不會發生的。我可以提出理由及證據來說明為什麼它不會發生。透過提高醫療設備的品質和及早發現疾病將使醫療進步，這一點是無毋庸至疑的。

現在正在發生的毫無疑問的是一個夢想故事。可以說是全人類處於一個受到大眾催眠的狀態。加洲文化[※3]就彷彿是一種宗教派系。我喜歡這片美麗的土地，但不能忘記在這裡有太多的毒品是合法的。出生於加洲的史蒂夫．賈伯斯（Steve Jobs）這樣的創業家的精神，就如同沉浸於LSD（麥角酸酰二乙胺，一種迷幻藥）或燃燒人節慶Burning Man Fes[※4]當中一般，是不理智的。

分散的思維對於創造力很重要，但是在真實的知識中，極度的專注與分散思維的結合也相當重要。而網際網路只為我們帶來了分散的思維及吸毒孩童的精神，這就是所謂的人工智慧。

◈ 將知識與意識型態分開思考

我主張「人類的定義是『卯足全力避免自己成為動物的動物』，因而有了技術。」意指我們必需以肯定的態度來看待技術，並將其與自然主義分開考慮。我並非在批評自然科學的知識，我們知道「我們所知道的」。沒有理由去批評知識，而且我完全肯定它。關於人類這個生物其實擁有許多知識。現在有許多自然科學的領域進入了新的危機。

例如在生物學中，我們證實了還原學家弗朗西斯．克里克（Francis Harry Compton Crick）和詹姆斯．華森（James Dewey Watson）（據說是他們發現DNA的雙螺旋結構）的思考是錯誤的。當然DNA本身的存在並沒有錯，但是他們當時所論述的生物體的DNA僅由核酸序列來決定的理論是錯誤的。現在我們了解到表觀遺傳學效應（不會伴隨DNA核酸序列產生變化）或根據心理的因果關係也是存在的。身體行為能根據經驗和環境而改變。細胞的行為則因食物而改變。細胞無法單方面規範人類的食物，但是人類會受到細胞吃吃看這種食物如何？的建議而產生反應這種組合是成立的。

我目前正在與宇宙論的世界權威喬治．埃利斯（George Francis Rayner Ellis）撰寫，有關由上至下因素的論文，而這個世界上所謂的「因果線[※5]」發現從全人類基因，甚至很多的東西都是由上至下（從上到下）的方式進行。還原主義者的想法是由下而上（從下到上）「由基因，原子和電子等小元素的存在構成一個大物體」，這是錯誤的。我將由下而上的思考方式稱為「樂高中心主義」，現實——至少物理現實不是像樂高積木（透過組合每個零件製作的玩具）那樣運作。

如果看一下量子機制，將會發現它是錯誤的。量子現象並不是像組裝小零件來製造桌子那般的運作。但是人們卻誤認為這就是宇宙的運作方式。這也是一個幼稚的幻想。我們應該接受更多的科學知識。

另一方面，科學知識——在這種情況下生物學知識——和我們的常識是一致的。人們認知到「我們人類是動物」。是直到最近才明白的，人類是真正的動物這件事。但是偶爾，即使人們知道這是真的也會去否認它。這是為什麼呢？從七十年代、八十年代直到近幾年的現代哲學中，有一些簡單的思維。我目前正在執筆的著作中也將它稱為「**生物學的外在主義**（biological externalism）」，那就是這種思考方式，其實十分簡單。

假設有一個令人驚訝與宇宙相關的新發現，「沒有H_2O水分子就沒有水」。也就是說，沒有就不是水。當我掬起一把水觀看時，它並不單純是H_2O的液體，通常還包括了其他的元素。每一勺水或每一滴水當中都不例外的含有H_2O，若不包含的話它就不是水了，這就是事實。

直到19世紀，都沒有人知道這個事實。由於H_2O尚未被發現，因此沒有人知道水是什麼。一旦發現了「水就是H_2O」就不能推翻這一個事實。沒有關於「若不是H_2O」的問題。因為毫無疑問的，水就是H_2O。

然而，當前的人工智慧正在研究的就像是發現了「人類思維，需要一個在這個星球上已經發展了數百萬年的生物體」。人類的思維是生物性的行為。就像H_2O是水一樣。沒有思想就不能稱之為人，還有諸如神經細胞等其他元素，人類之所以為人類並非因為這些因素。人的神經並不是大腦。但是，沒有大腦就沒有神經。就像河流不可能沒有H_2O一樣。這些都是事實。

因此，「如果智能是矽怎麼辦？」的想法是錯誤的。它不是矽。**智力是屬於生物學的**。認為它是矽是十分荒謬的。那麼矽谷（Silicon Valley）說不定也可以說是「愚蠢的（silly）騙子（con）谷（valley）」而不是矽谷了（笑）。

人工智慧等的幻想

使用萊布尼茲定律將人工智慧變成哲學

因此，以人工智慧取代人類大腦的未來將永遠不會到來。不但不會取代人類，並且人工智慧的未來不會到來，從一開始人工智慧的存在就只是一個幻覺。存在的，可以說是一個複雜的資料夾。世界上第一個網頁的URL是「http://info.cern.ch」。雖然經常被忽視，但網際網路是瑞士發明的。世界上第一個網頁是由提姆・柏內茲－李（Tim John John Berners-Lee）[※6]所創建。

這個主頁非常簡單明瞭。有數個文件，並且有超連結。提姆・柏內茲－李（Tim John Berners-Lee）是一名科技專家，因此他只不過是創建了非線性文件也就是複數的檔案。那麼現在試著思考一個更物理的文件。網際網路（Internet）、所謂的web在這種情況下原本就是屬於物理性的東西。

這是一個物理的、老式的優級紙質文件夾，放進了出生證明和高中畢業證書，我認為稱呼它為「智能」並沒有錯。出生證明之後接著是高中文憑，再來是租賃契約等按照一定順序排列。這是資料處理。紙本文件夾與電腦的資料處理是一樣的。

線上也是相同的，在政府機關的紙本檔案和線上或網絡之間沒有存在論上的區別。線上的稍微複雜一些，或者只因為它是不同的意思而複雜，兩者是相同的。因此，若將網路、程式、演算法和深度學習等——視為是智能的，那麼應該也將紙本文件夾視為智能的，但是沒有人這麼想。因此我要說的是，最好不要認為「人工智慧」這個東西是存在的。

有些是要小聰明的人的把戲，您應該知道機制（mechanism）這個單字的由來。它來自機器（machine）一詞，機器的語源來自希臘文「mechane」。而**machine是「把戲」**的意思。荷馬稱特洛伊木馬為machine，也就是「把戲」，也就是機器的意思。因此，機器絕不可能變得具有智慧。這是毋庸置疑的道理。

◎自動化負面的那一側

我不否認「人工智慧可以取代一部分的人力勞動」。汽車的速度比世界上最快的跑步選手還要快因此，汽車將取代跑步，打字機取代手寫，搜尋旅遊網站將取代旅行社。但是請記住，這種替換並不一定都是好的。例如，最近我經常使用旅行社。因為旅遊網站的搜尋並不包含每個區域的當地情報，而且事實證明它不是太準確。

杜塞道夫有一家很好的旅行社，總是能掌握我的需求。旅遊網站不知道我需要的是什麼。也許是以統計學的方式來理解我可能需要的東西，但是總有一天可能會犯錯。我去的旅行社絕不會犯錯，十分地完美。並非我的形象，而是調查著我自己。

網路搜尋演算法所調查的只不過是馬庫斯·加布里埃爾的表象而已。他並不知道我是誰，但我去的旅行社認識我。因此我可以和秘書討論來製定出更好的旅遊計劃。秘書、旅行社和網際網路。如果將這三個部分結合在一起，就可以得出最佳判斷。僅用網際網路會產生慘不忍睹的判斷、或者得到一個平凡無奇的判斷。**網際網路的本質是平凡的**。更確切來說它必需是一般性的。所謂大數據就是指這個吧？尋找一種平凡的模式，而不是一個好的模式。尋找可能性，而不是最好的說明。所謂可能性，並非指的是好的東西。假設要在柏林觀賞歌劇，並且有三項選擇。這三者都可能是好的歌劇，那麼要選擇哪一個呢？若要追求可能性，那麼您可能會做出不佳的選擇，也可能很幸運地做出好的選擇。

另外，我們把三部歌劇上傳到網路，並編輯成誰都能口耳相傳的評論程序。所謂評價這件事是屬人為因素。

我想這是眾所皆知的事，品味愈是不好的人就愈想要撰寫酒店評論。而網際網路卻正在以合法方式記錄這些人不足以取的行為。

現實世界中，給與低評價的人意見完全不會影響您的決定。一旦將它放到網路上，卻追隨這個人的建議。把現實當中絕對不會聆聽他人意見的人所說的話，卻在網路上照單全收。實際上遇到的話，無法信任的那種人。

網際網路上，就宛如傻瓜向傻瓜推薦東西。我們將它以更適切的名稱群集知能（SI）來稱呼。實際上**並不是群體的智慧，而是群體的平庸**。如前所述，網際網路本質上是平庸的，並且帶來平凡的結果。即使是平庸也總比沒有結果來的好。

此外，在網路上搜尋航班確實很容易也十分的方便，能夠獲得一些結果。

而一九六〇年代會變成什麼樣子呢？為了預訂一個機位，必需花費大量時間。您將會得到紙本機票和小手冊，若遺失了機票，將會無法登機，因為您所預訂的飛機座位並未在任何地方受到登錄。就是這樣一個世界。同時只要帶小手冊就可以真是太好了。能夠多麼心平氣和的搭乘飛機。彷彿全部的座位都是商務艙一般，像現在這種豪華經濟艙的代替品是不存在的。

我不知道那樣的環境是比現在好還是比較差。但是所有現代人都認為當時的環境肯定比現在更糟，這是因為從網路上聽到「我們正在進步」的訊息。每個人都認為現在是最好的，當必須生活在過去的時代時，真的會這樣想嗎？交換手寫書信的時代，才是好的年代不是嗎？

難以想像透過自動化會使情況自動改善。**相信自動化就是最優化如今是一個偉大的神話**。相反的，自動化只是使事物變得平庸化。

◈自動化所創造出的時間只是被進一步分配到網路上消費掉而已

也有人說，因為透過機器和人工智慧能夠節省時間，可以將騰出來的空餘時間拿來進行創意活動。確實是如此，但是人們在把從加洲企業（Google 和 Apple 等）上得到的「創造性」餘暇時間拿來做什麼呢？就是看 Netflix。或是消費更多的網路，這就是現實。我們將餘暇的時間花費在將資訊回饋到系統當中，並發送進一步的建議。這完全是一個惡性循環。多虧了網際網路讓每天四小時的冥想、武術和森林漫步成為可能。但為什麼不是這樣呢？首先沒有人會去森林。說到人們完成日常工作後會做的事無非就是，今天也獲得了網路的協助呢！那麼現在也使用一下網路吧？這就是現實。

這個層面上，坦白說**我不認為網際網路會使人類更具創造力**。我肯定它已經變得更加聰明。我並非是在批評一切。

我將智慧（intelligence）定義為在給定的時間內，解決給定與任務的能力。可以更快解決相同問題的系統更加智慧。現在我所遇到的問題大多都可以透過數位技術快速解決。要知道下一班電車何時抵達比直接去車站確認或閱讀時刻表要快得多。

◈ 使用萊布尼茲定律將人工智慧變成哲學

過分信任機器會導致重大錯誤，剛好有一個很好的論據可以說明理由。所謂演算法和人工智慧只不過是模仿動物思維的模型。假設我在想些什麼，例如是「我想去度假」。這是動物的思考。而所謂的人工智慧系統登錄這個思維，並可以將它轉換為一個模式，一個思考的模型。不過模型並不會與目標系統相同。不要讓一張地圖與一個區域相同，任何地圖都將具有在該地區所沒有的地圖特徵。因此，思維模式也具有思維本身所沒有的特徵。思考模式並不是思考，這是一個非常單純的議論。

身份（同一性）也是如此。身份的哲學定義，即使用所謂的「**萊布尼茲定律**」進行定義。「**當A所有的屬性都是B的屬性時，A和B即為同一個**」這種定義。我和馬庫斯．加布里埃爾是同一人，因為我的屬性就是馬庫斯．加布里埃爾的屬性。我正坐在這裡，馬庫斯．加布里埃爾也坐在這裡。這是我的左手，也是馬庫斯．加布里埃爾的左手。馬庫斯．加布里埃爾具有所有與我相同的屬性。我就是馬庫斯．加布里埃爾。這就是身份。如此而已。

若思考模式缺乏思考的特徵，那就不能成為思考了。由於它沒有思考的所有屬性。因此，具有動物智慧模式的人工智慧不是智慧，而是與智能相似的其他事物。相反的並不成立，這是一個非常單純的論點。

◈將機械的功能性與可信度分開思考

之所以需要進行討論，是因為它與我要談論的內容相通。電腦科學是經驗科學。電腦科學將目標系統建立模式。有一個既定的系統，電腦科學對其進行研究。因此，電腦科學與電腦科學的研究之間存在了差異。

否則，電腦科學就只會是與生俱來的純粹思想。但並非如此，電腦科學是用於研究某些東西的。這是一門與研究調查相關的經驗科學，偶爾也會有錯誤。因此，以電腦科學為手段、以機械所產生的事物都與目標系統本身不同。演算法模擬了現實世界中的思想或動物的思想流程，但絕不是思想本身。因此不能盡信於演算法。

如果相信人類，則存在一些風險。然而一定程度的風險也是人類自由的代價。相反地，由人類與電腦之間的關係所產生的風險，是電腦完全沒有（獨立行為者）自由。

風險使機器順利運作，但同時也變得不可靠，只能說效能極佳，如此而已。

信用與功能是截然不同的。當我們認為可以信任某人時，並不是因為他們有良好的工作能力。而是因為與對方建立了道德倫理上的關係。對方有可能會令人失望，但機器不會令人失望。機器所做的只是停止功能，但這並不是失望。

我們高估了人工智慧。我們高估了自己，將自己的能力投射到機器上，是經典的投影。透過自我投射，不會留意到機器內部正在發生什麼，並不了解所謂機器的功能。原因是機器的設計師希望如此。尤其是蘋果。看不到裡面有什麼的完美設計。請試著拿起耳機。應該無法打開它吧。當想嘗試將它打開時，會發現十分困難。十之八九會被弄壞。無法輕易地打開它。機械被隱藏在其中。

iPhone 具有用戶經驗及親切感。由於一切都太過順利運作的關係，給人一種 iPhone 簡直比自己更聰明的印象，但這只是一個把戲。iPhone 是一台機器。正如前面提到的，機器本身就是個把戲。

機器人和人類並非同一個種類。人類是動物，但機器人不是動物。因此，**當您認為人類的與機器人相似時，就是錯誤的**。機器人的有類似人類的行為，這是個事實。但是如果說人類與機器人是相似的，那就是個赤裸裸的謊言。別說與機器人有同一性了，連類似性都沒有。

它們彼此的功能上有相似性之處。假設機器人拿了一個水果給我，這裡所發生的事情與我拿起一個水果並遞給某人所發生的情況相似。但是我得再度重申，這並非同一性。因為我用的是我的手而機器人不是。機器人擁有類似於手的部位，但並不是由細胞所組成的手。是金屬製造而成的手。

機器人足球選手就是一個很好的例子。任何人類團隊都能輕鬆完勝機器人足球隊。即使在團隊中，有像我這樣的遜咖也可以贏。因為您要做的就是踢機器人並射門。打敗機器人的方法極度簡單。觀看比賽時，就能了解到機器人是多麼糟糕的。

◎勞動力愈被機器取代，經濟就更加停滯

再度重申，人工智慧至少多少能分擔一部分的工作，並產生一個新的數位工作階級。用機器代替勞動力會使經濟崩潰。人們認為汽車全部以機器來進行製造，是很了不起的一件事。但是如果製造汽車都沒有使用人力，將無法從製造汽車中獲取利潤（薪酬）。

這就是基本工資之所以應該要被提出的原因，這是現實。並不是因為認為人類必需要有創造力這個理由。因為我們意識到**自動化將導致經濟崩潰**。否則，經濟衰退將會不可避免。

「若有基本工資的話，人們就能夠持續購買」這是原本應有的想法。但如果經濟仍然低落，將不得不採取調整基本工資金額之類的措施。

當我購買LV（Louis Vuitton）的皮包時，LV（Louis Vuitton）就會從中獲益。這項利潤，也就是會再有其他人用這筆錢再次購物——的圓型結構。假設有人脫離這個圓圈。隨著脫離的人越多，人的行動就越少。勞動力亦是如此。沒有人會支付費用給

一台機器，機器什麼也不會買。因此，被機器取代的人越多，經濟活動也就愈發停滯。換句話說，我們將越來越貧窮。人類沒有勞動力，就不再生產商品，無法再產生能夠購買LV包包的價值，那麼勞動力、生產力、消費活動等經濟循環中的所有行為將完全停滯不前。

當環境完全或達到最大限度的自動化時，就會遇到這種情況。有一天，人們將變得非常貧窮，沒有足夠的金錢來更新用於人工智慧的最新雲端電腦系統。如果發生這種情況，人工智慧所支援的工作環境將瓦解。當它潰堤時，**剩下的都是任由機器去勞動而自己忘記工作方法的愚蠢的人類們**。他們應該會展開戰爭吧？而我們現在正在編製的就是這種世界崩潰的劇本。

若是憂心隨著自動化的發展而失去工作，建議您參與示威活動並進行抗爭。去做民主主義和現代科學應該做的事情。數以萬計的人正在香港示威。那是必需做的事。對於機器可能搶走自己的工作機會而感到恐懼的人，那些機器在功能上並不如人類。向它炫耀自己，可以朝它扔擲石頭並摧毀機器。

人們以埋首在網際網路當中取代應有的戰鬥，並使自己變得愚蠢。基本工資只是給這些人的口頭承諾。並不會被實施。我贊成基本工資，我贊成是因為我認為這是福利國家制度的最佳解決方案。

我們被GAFA強迫「做白工」

我們應該受到規範的理由

我們也來談談關於GAFA（Google、Amazon、Facebook、Apple）吧。這四家權傾天下的企業，現在可說是處於能夠統治世界的局面。為了防止受到GAFA的統治，我認為應該設立一些規範或法律。應該嚴格管制它，使它們不能輕舉妄動。基於什麼理由、方法及制度還有討論的空間，但是我的建議是這樣。GAFA從資訊中獲取利益。基準（數據的單數型式）是演算法與我進行輸入的資訊之間的差距。

首先，讓我們討論一下什麼是輸入。假設我舉辦烤肉聚會。拍照並上傳。Facebook和Google將從上傳的照片當中獲利。當然不是來自烤肉聚會本身。但我是主持烤肉聚會並拍照的人。這可以說是勞動力。動手的人是我。它卻為毫無關係的企業創造了價值。在Facebook創立之前，我沒有想過要上傳照片。因為我沒有

Facebook。甚至可能照片連拍都沒有拍。我可能會把它做成家庭相簿，但是現在人們為了Facebook而拍照。這意味著人們被Facebook僱用。在為Facebook工作。

Facebook支付給他們多少錢呢？答案是零。因此，我們應該向Facebook課稅。這是解決方案之一，但是因為有各種法律問題，所以很困難。更好的方法是，讓他們以支付基本工資來取代支付稅金。請試著想像。**假設GAFA公司必須以分鐘為單位支付使用它們服務的人們**

基本工資會將如何？德國的最低工資約為每小時十歐元[※7]。因此，假設我在線上使用GAFA的任何一項服務達一小時，他們可以輕鬆查看用戶花費了多少時間。GAFA用戶一定都擁有各自的帳戶，因此我可以扣除他們提供的價值，並將我所創造的價值連結接到我的帳戶。

他們為我提供了資訊。如果想去餐廳，它將提供有關餐廳的資訊。您只需要從十歐元中扣除他們給您的價值即可。肯定可以換算成金額。沒有那麼困難。我估計每小時大約為七或八歐元。這是一個更好的解決方案。

各國政府最好能夠意識到GAFA僱用我國的人民。在不久的將來，GAFA要不就是改變一切，要不就是支付金錢給我們。這將能夠解決許多經濟問題。只是透過網路搜尋就能夠致富（笑）。說百萬富翁可能是言過其實了，但也足夠吃穿了。

◎科技・無產階級的誕生

正如我在二〇一九年五月一日接受「El País」（西班牙的報紙）採訪時所說的，我們應該意識到我們是數位・無產者（無產階級）。由於我們免費為一個或多個企業工作。這種情況在人類歷史上從未發生過。GAFA說「我們免費提供非常便捷的服務，而不是吸收大數據。」但是實質上並不是真正的免費。由於我們在無意間為了他們而工作著。

假設您現在想吃炸薯條。來到了波昂鎮上的炸薯條攤販，被告知「這家商店裡的馬鈴薯是免費的」。好的，我知道了。而店員仍然繼續這樣說「在拿到馬鈴薯之前請先從田間摘採馬鈴薯，這樣的話我就會給您炸薯條」。「採摘馬鈴薯是免費的。只要去摘採就可以，它是免費開放的。只要把它們摘下並且帶過來」如此而已。

而實際上的情況是，我們正為一間炸薯條公司工作。免費提供炸薯條？它並不是免費的。GAFA正在做的就是這樣的事，他們沒有免費給與我任何東西。這只是一個圈套。也許多少會有一些廣告收入，但實際的收益來自我們免費勞動力。

我們沒有意識到這一點，這是個圈套。這是因為我們對勞動的觀念很糟糕。我們都帶有馬克思主義的勞動觀念。事實上，馬克思的勞動觀可能並沒有錯。馬克思主義中的勞動是指將有肢體的有活動的現實轉換成為另一種形式。伐木並將它做成桌子，這就是勞動。

在網路上如何發生這種情況，就是舉行烤肉聚會，簡單來說就是舉辦身體的和活動的事實，並且拍照。這就是轉換。將這項轉換後的相片上傳。上傳也是一種轉換。

儘管如此，我們仍對有關網路抱著「這不是物質性的物品」的單純勞動觀念。這是個錯誤。您或許會認為（這是資訊空間內的交易）它是精神上的，但是網路完全是物質的。服務和半導體晶片都將是物質的物品，那就是網際網路。它是以一定的方式所組裝的配線，晶片和電磁輻射的集合體。而我們卻對這個事實渾然不覺。

根據最近的一項調查，我們一年中大約花四個月的時間在上網。

一年中花了四個

月為了一個一毛不拔的人工作。他們可能會為您提供一些服務。實際上，您所支付的費用超過了使用該服務所能獲得的。

◈ 日本是技術意識形態的創造大師

當 Google 試圖在柏林的腓特烈斯海因 (Friedrichshain-Kreuzberg) 區設立新的據點時。在柏林興起了反對運動。像這種反對大型科技公司的運動，在日本是看不到的吧？我覺得日本人和德國人的觀念之間有很大的差距。

這是因為**日本擅長於創造科技的意識形態**。身為這樣一個故事的編織手，日本是世界一流的國家之一，我認為它在九〇年代比加州還要重要，最少也有同樣重要的地位。雖然現在沒有那麼大的存在感了。也就是說，沒有日本對現代化的貢獻，電玩遊戲就不會成為今天這樣的型態，因此我們在網際網路上所獲得的體驗將全然不如今日。

因此，日本持續成為地球上技術最先進的地區之一。過去製作的「寵物蛋」透過把愛投射到機器上來取代人類的慾望。我認為日本在身為一個社會上，比其他地區更能接受這種模式。

我深信在德國發生的反GAFA運動一事，其實是德國在長時間內，一直經歷著有關技術，獨裁和意識形態之間的聯繫。是德國發明了汽車，絕不能忘記。這是德國對於人類滅亡上所做出的巨大「貢獻」呢。所謂的德國意識形態是——我現在正懷著一種使命感將它還原為以前的形式——總之，德國的發明接近人類史上最糟的時期。

當然，還有其他國家為人類的滅亡做出了「貢獻」。在德國，也有康德和黑格爾等人為現代化做出了了不起的貢獻。不過，德國的發明卻是最糟糕的。

接著，德國在二次世界大戰中發揮了非常重要的作用。實際上，它是由多種因素共同造成的，但就整體來說他是如此。那是一場使用技術摧毀人類的戰爭。就是對德國技術的洞察力。我認為**科技是破壞的邪惡力量**。因此，除了一些受益於技術的人以外，任何在德國具有批判性思維的人應該都會表現出對數位科技的強烈抵制吧？它本能地反應出這是獨裁專制。憑直覺，對獨裁政權產生了抵制之心。

溫柔的獨裁國家・日本

我喜歡日本，但是去到日本時卻感覺我處在於一個獨裁的國家。這裡是非常民主主義的地方，人們是善良的。不像是中國給我的感覺，但卻是一個非常柔和及溫柔的獨裁國家，感覺每個人都接受這樣的柔性專制國家。日本的電車系統十分完美。如果我在月台排隊搭車，而進站的是只限女性搭乘的粉紅車廂時，我就必需改搭另一個車廂。若不理解與遵守該系統，那麼可能會被所謂的白手套工作人員趕出車廂。實際上就是如此。當我造訪東京時，我在不曉得這個粉紅車廂系統的情況下搭上了女性專用列車，而當我正在想它為什麼是粉紅色的時候，白手套已經過來。這就是我所說的柔性獨裁國家。

這種**完美滑順的功能具有陰暗面（黑暗面）**。它也具有提升靈性和美感的積極面。日本文化非常發達，每個人對美都抱有共同的認知，食物和庭園都維持那麼的井然有序。那是日本文化的優異和美好的一面。

但是也有黑暗的力量。所有被壓抑的事物，都是這股力量。不可以遲到，不可以製造問題，彷彿連靈性都受到壓抑的力量。就像前面提到的白手套一樣，臣服於科技。我認為這是定義日本的衝突關係（antagonism）。先進社會都會有內在的結構性衝突，對立的關係，也就是辯證法。

【注】

※1 英文naturalism。形而上學理論之一。大致可以從自然界（不是指神和靈魂等超自然現事物。是指以自然科學為對象的領域，即宇宙）中的原因和規則以機械理論來的方式解釋所有可能的立場。馬庫斯・加布里埃爾解釋說，自然主義是一種主張「只有那些可以還原到自然科學領域與存在理論的事物在是能夠存在的，其他一切都是幻覺」（本書的第154頁）。

※2 美國科幻小說作家菲利普・K・狄克。代表作『仿生人會夢見電子羊嗎？』，電影『銀翼殺手』的原著

※3 它也被稱為加利福尼亞意識形態，它誕生於美國西海岸。透過技術革新全面支持人類和世界的進步的技術決定論，和在西海岸反文化和市場原則主義結合的思想。據說像Google、Facebook這類大型IT公司先後在加利福尼亞的矽谷誕生的背後，就是因為有這個思想的關係。

※4 每年在美國內華達州黑石沙漠舉行，由參與者主導的大型藝術活動。由於谷歌鼓勵員工參與而知名。

※5 伯特蘭・羅素（Bertrand Arthur William Russell，英國的哲學家）所提倡的概念。

※6　網絡的創始人。出身於英國，加入瑞士的歐洲核能研究組織（CERN）後開發了WWW。

※7　德國的最低工資為每小時9．19歐元（截至二〇一九年一月，根據勞動政策研究與培訓組織的調查數據）。

第7章

表面的危機

真實、假新聞、美國的疾病

在真實與虛假之間

何謂表象

目前為止所列出的四項重大危機——價值危機、民主主義危機、資本主義危機、和科技的危機——這些所有都可以歸納為「表象的危機」。**「表象的危機」特別是使用相片或圖像與我們人類之間的關係展現出來**。一開始讓我舉出兩個簡單的例子。首先，近代的科學家使用Power Point來說明事物，甚至哲學家也是如此。Power Point不能提供真正的思考資源，它們只能提供相片和圖像。相片只是相片，並非討論的對象。但是人們誤解了相片才是現實的，所以才拍攝相片。

接下來，讓我們談談巴黎的觀光客。一般的巴黎遊客看到蒙娜麗莎時要做的第一件事就是拍照。人們去巴黎只是為了拍蒙娜麗莎的照片。其他能做的就是買LV的皮包。思考看看，這完全是個荒謬的行為模式。

透過這種方式，我們與圖像——例如相片等——之間並未建立良好的關係。這就是表象的危機。

首先，讓我們說明何謂表象，所謂表象是具有準確性或非準確性屬性的真實模型。因此，有些表象較為準確，而有些則較不準確。有正確的表象，也有不正確的表象。其中最難判斷的是具有真偽屬性的事物。在哲學中，真實或虛假的表象被稱為命題（proposition）或信念（belief），但是並非是二擇一，與準確度有關的是圖像（image）。

表象由規範（norm）來決定。我們所說的正確與不正確，是透過一項規範來決定的。而且，經常受到遺忘，表象的對象，也就是被呈現為表象的事物就是規範。舉一個具體的例子，假設我抱持著「桌子上有五十個杯子」的信念。可以判斷這樣的信念是對還是錯。如果桌上只有一個杯子，那麼這個信念就是錯誤的「我的信念，是真或假」這樣的規範，就是事實（fact）決定事實的規範就是事實。由於杯子少於五十個，所以這個信念是錯誤的。我的思想規範性（normativity）存在於現實中。

◈影像沒有好壞屬性

表象的危機存在於錯誤的觀念之中，這個想法是「表象的規範性存在於表象當中」。「一個圖像的好壞與否，取決於該圖像」那就是與危機的聯繫之處。

圖像是否良好應該取決於現實，而不是圖像。它沒有本質好壞的內在屬性。藝術是屬於例外的情況，如果梵谷（Vincent Willem van Gogh）畫了一幅鞋子的畫作，那麼鞋子是否真實存在都無所謂。重要的是梵谷如何繪製這幅畫作。這是屬於藝術的表現。藝術的表現，不是現實的複製，它與現實無關。就如同我有信念一般，現實與梵谷之間沒有任何關係。藝術不是真偽，它是中立且虛構的事物。

表象的危機在於將藝術和設計與所有其他表象混為一談，也就是說我們把一切的表象都當成是藝術。對我們而言，一切都成了藝術。那就是個危機。當觀看諸如『紙牌屋（House of Cards）』這一類，關於美國總統的電視劇時，我認為這就像一部紀錄片。原來如此！我誤以為原來華盛頓DC正在發生這樣的事。但它純粹只是一部電視劇。或者，看了『西方極樂園（Westworld）※1』，後，認為機器人是有意識的。但這也是錯誤的。『西方極樂園』中根本沒有機器人，只有人類所扮演的機器人。

◇ 被影像蒙蔽的世界

這種表象的危機，也就是對於圖像的誤解，都與結論相關。人們看到圖像就認為「它的確是真實的」，因為圖像是真實存在的。但卻不是因為該圖像與環境之間的關係是真實的這個理由。這就是為什麼**圖像容易被操弄**的原因。人們沒有留意到圖像背後的真相、螢幕背後的真實，而變得愚蠢。由於螢幕的概念是錯誤的，所以現實被隔離於螢幕背後看不見了，這是第一個錯誤。

正如一些民粹主義者所說的，在政治圈內的菁英階級可以盡情地做自己想做的事，這種想法是完全錯誤的。就如同認為「這裡有圖像，但這些圖像與什麼相關是無關緊要的」錯誤一般。圖像與什麼相互關聯是非常重要的。

金錢也是如此。人們普遍認為金錢不代表任何東西，這是一個極大的錯誤。五十美元的鈔票代表您可以用五十美元購買的任何東西。表象的邏輯正在改變貨幣與其他貨幣或物品之間的關係。五十美元鈔票的價值隨著經濟的變化而改變，但並不代表著五十美元面額的鈔票本身一文不值。五十美元的鈔票當然是有價值的。它的價值就是「用五十元美鈔所能夠兌換的所有物品」。價值的多寡會變化，但它本身具有客觀的存在價值。因此，一張五十美元的鈔票，代表了可以使用它來購買的物品。

◈人們並不理解民族主義的機能

圖像表示圖像的來源，政黨的成員代表（represent）我的表象意志。問題是我們必需更深入地了解它具有什麼樣的代表關係。人們並不了解代表的關係。例如，如果某位候選人當選，也就是說他立於代理·代表選民的立場，人們認為他必需要為選民做有利的事情。然而，這並不是政治的代表。

這也是個假設，若投票支持承諾減稅的候選人。並且該候選人當選了但並未實行減稅時，應該會有許多人說他在撒謊。他並沒有在撒謊。他代表著選民。在議會上代表選民，代表著參與非常複雜的談判組織的意思。在贏得勝選之前提出的任何政見支票，就是將「盡力使它兌現」的承諾，並不能說承諾必將實現。在那個時間點上，候選人也不知道承諾是否會實現。

政治是現實（reality），並不是一個希望的觀察。投票給政黨不同於購買商品的行為。我並沒有「購買」任何物品。我（在投票時）選擇為理想做出貢獻而政黨努力實現目標，但是對照到現實當中時，通常是難以實現的。國會議員每天都面對著現實，我們應該對此表示敬意。我們都持有認為政客都是腐敗的錯誤想法，我認為我們都欠缺對政客的尊重。投了票但卻沒有得到想要的，所以認為所有政客都是腐敗的。人們以為自己買了車，但實際上並沒有買車。許多人身為民主主義者卻不知道自己正在做什麼。

這是一個深刻的問題。因為所謂民主主義這件事，如果在人民不了解「民主主義運作方式」的情況下就無法運作。現在，絕大多數的民主國家公民一點都不了解民主主義的本質。如上述，這是民主主義的危機。人們對此沒有充份理解。

在這當中也有比較好的國家，但是大多數的國家並不了解。在這點上，法國的民主主義制度就十分順利。由於迄今為止擁有政治性的歷史，對現實有高度的了解。我認為德國有好壞兩面。有些地方與現實產生太多的共鳴。另一方面，美國則是格外的糟糕。這是因為在美國政治中的代理・代表性的程度、及圖像的作用等，處於極高的水平。產生圖像的水平非常高。

開始渴望影像本體的人們

影像大國．在美國發生的另一個危機

在美國，這個影像的重要性和影響力是巨大的。在第一章中所提到的門面（在法語中的含義為「表面」的意思）。在美國，一切都如同門面一般，看看美國的建築，門面（建築物的正面）佈置得十分美觀。但若走進去一看，一切都是壞的無法使用。在美國，即使受邀來到百萬富豪的住宅會覺得空調的聲音太大了或是門無法緊閉。一切都不夠完整。那就是所謂的門面、印象。

美國人喜歡住在獨棟的房子裡，因為他們覺得會被有些人認為這是一棟很棒的房子。紐約就是如此。我當時在紐約的新學院（The New School）任教，但是當我第一次被大學詢問社會研究終身教授資格（在北美的大學終身雇用資格）的意願時，我拒絕了。我想「雖然是大家都羨慕的城市，但住在這裡的我一點也不這樣覺得。我無法

住在這樣的城市裡」。生活在那裡十分辛苦。

無論到哪裡人們都會說「好棒哦！你是從紐約來的嗎？那是一個很棒的城市吧？」，所有紐約人都說「是啊！這是一座很棒的城市」。實際上，每個人都受夠了紐約，嘈雜令人無法入睡，充斥了又髒又不舒服的氣味。夏季炎熱，一切都破爛不堪使用，地鐵混亂不清，城市裡到處都是老鼠和骯髒的東西。還有老鼠在地鐵當中橫行呢！在城市的任何地方都感覺到淒涼。不到一個月我就想離開這裡。

儘管如此，紐約人仍然歌頌著在這座城市的生活。因為他們知道其他人會認為「能夠住在這座城市真是太棒了。」，那成為了間接動機。即使自己認為這並沒有什麼大不了的，但是只要別人覺得了不起就可以了，有許多的美國人做著類似這樣的事情。

德國人非常注重現實。別人是否認為「那個人享受人生嗎？」並不重要，他們認為重要的是，自己是否享受生活。不在意別人的想法，因為那不是很重要吧？但是在美國，別人的想法似乎比自己是否享受人生來的更加重要。這就是另一個表象的危機。所謂表象，舉例來說，假設A先生的個人形象是「沒有享受人生」。但是，如果產生印象的原始印象（別人對A先生所抱持的印象）是「A先生正在享受人生」，則A先生開始在原始印象的程度上享受人生——換句話說，（並非生命本身）**他將享受的是對「人生的印象」**。

這就是Facebook由美國產生出來的原因。沒有人想為無聊的日常生活拍攝相片並發佈。我發佈燒肉聚會的相片，是因為我覺得它很好，但是沒人願意發佈肚子餓的時候的相片。這也是一個日常的光景。如果我要發佈它，我也可以這樣做。為什麼呢？人們之所以會發文，是因為他們想要這樣的生活，並想要使自己被認為是這種形象的人。

【注】

※1　美國的科幻電視劇，搭載有人工智慧的機器人產生自我意識，並且開始反抗人類。

補充

新現實主義為我們帶來的事物

關於世界的五項危機的解讀，健談的加布里埃爾言談之中夾雜了詼諧幽默的話語。

在漫長的訪談結束時，編輯部再度正面詢問關於「新現實主義」。這位新銳哲學家身子稍微向前傾了一下，從他的書桌上拿起玻璃杯，並開始說話。

本章可說是對話的總結，也就是所謂的番外篇．補充內容。回頭到目前為止所討論的與「新現實主義如何看待世界」這個問題的總解答。

——您說「有複數的現實，也有數個觀點」。還有「我們每個人都有各自的現實」。但是您也說了「世界並不存在」。由於人類是同一物種的動物，因此具有共同的普世道德價值觀（universal moral value）並且能夠互相理解。您是否能再解釋一下這三個要素之間的關係呢？

加布里埃爾：好問題！讓我們從觀點的問題開始。這是個與多元論、以及「世界並不存在」的想法相同的問題。假設您和我正在看一個玻璃杯。有玻璃杯、我對玻璃杯的看法和您對玻璃杯的看法這三件事。我對玻璃杯的看法是現實當中的一個標的物（object），這就是我的觀點。我對玻璃杯的觀點與玻璃杯一樣真實（real）。而您對玻璃杯的看法也與玻璃杯一樣真實，這就是個多元理論。

◈玻璃杯並不存在——而且世界也不存在

現在讓我們進到下一步。真實的玻璃杯是玻璃杯，我對玻璃杯的看法以及您對玻璃杯的看法，三種交集的事物。因此，沒有一種叫做玻璃杯的實體。玻璃杯是玻璃杯、我對玻璃杯的看法，也是您對玻璃的看法。

——因此，也就是說「沒有個體是完全獨立的玻璃杯」。

加布里埃爾：沒錯就是這樣。對我而言這個獨立的玻璃杯、對您而言這個獨立的玻璃杯，它們各自存在著。他們是同一個玻璃杯。在這種情況下的感知，我和您處在同一個意義場域。對玻璃杯的感知而言在同一個意義場域。意義場域是可以改變的。若以產生量子現象的奈米世界規模層級的考量來取代玻璃杯，那麼玻璃杯就消失不見了。在這種規模的世界中有的，並不是玻璃杯而是電子。非常地小，甚至連物體都不是。

用原子的層面會比用電子的層面更容易理解嗎？一般而言，原子是肉眼看不見的。看得到玻璃杯，但卻看不到原子。我們通常沒有感受到原子。當從一般介觀物理學的感知下降到原子的層次時，原子就變得可視。這就是意義場域改變的意思。我們需要一種測量原子的方式及找到原子的裝置，表示將採用一種完全不同的方法。

同樣，我有自己對原子的觀點，您也有您對原子的看法。但是，在這裡的意義場域指的是科學。從平常看待玻璃杯的感知，轉移到為對物理學的觀點。意義場域已經改變。玻璃杯和原子之間沒有任何共通之處。從這裡，我們將進入「世界並不存在」的核心。世界的不存在不會只在一個意義場域發生。在稱為知覺的一個意義場域上，可以說「沒有完全獨立的玻璃杯的存在」。但是，**所謂世界不存在，並不是在單一的意義場域中發生，而是在多個意義場域裡發生**。

在玻璃杯和原子之間沒有第三物體的存在。只有玻璃杯或原子而已。換句話說，玻璃杯並不是由原子所組成的。因為玻璃是可感知的目標物體。可感知的目標並非完全由原子所組成。否則的話，雖然是有點粗糙的說法，但原子就會變成是肉眼可見的了。

科學的意義場域和一般感知的意義場域是相關聯的，但並非同一個。由於兩者之間沒有第三物體存在的關係。這表示了「世界並不存在」的意思。**在意義場域之外，沒有現實**。

您在一個地方——但是您又偶爾在其他可以去的地方。這是個被稱為本體論層級的論述。

◎觀點上有好的事物就會有壞的事物

讓我們把它應用到社會上。當產生社會對立時，對於一個相似的主題會有兩種觀點。例如，在進行稅收的分配時，若對稅收和關於未來的分配有不同看法時，就會產生對立。這與先前提到的感知的案例相似。在這種情況下的對象，是時間性的對象，換句話說，即當前的稅收加上所謂未來的成果，由於包括了（與前一個示例）不同的過程，因此和玻璃杯不一樣。意義場域也不同。儘管如此，這兩件案例仍處於相似的情況。

當產生對立時，可能會發生其中一方的見解比另一方更正確的情況。把它套用到前面的案例當中，也可能會發生我對玻璃杯的感知，不如您的感知正確。視力的差異性和這些狀況都是因素。我仍然對玻璃杯抱持著我的觀點，我的觀點是確實的。只不過，它的準確性不如您。當發生這種情況時，若我沒有戴眼鏡就更容易會犯錯。因此，即使對某些事物具有實在的觀點，也不表示它是絕對確實的。有可能觀點不完整。也可能對這個標的物有不好的觀點。因此，**觀點並非都是一樣的良善**。這是非常重要的一點，有更好的觀點也就會有較差的觀點。科學也是如此。原子干涉亦有品質較好的也有品質較差的。

這次我們試著將它應用在道德的案例之中，也可以說是政治、經濟的案例。我認為和玻璃杯的案例與政治、經濟的案例完全相似。現在，假設對於如何運用我們的稅金這個問題，有一個客觀的好答案。實際上，答案應該是多個而不是一個，但是我們必需從中取出一個最佳解答。要如何避免太過於強調多元性，及受到文化相對性的干擾，無法獲得一個明確的答案或在一定可能性的範圍內解答的情況呢？會為了印度教徒著想而建造印度教的寺廟嗎？不，應該建立一所無神論的大學，不不不！把它用在老人照護吧——。

◈所謂「普世人性」的思考方式

當包含大量的多元化時，很難在瞬間做出決策。雖然不是不可能，但是是一個問題。在這裡，更多的**普世人性**（universalhumanity）加入了討論。所謂的普世人性，就是「在受到政治統治的社會經濟之下，我們應該實現普世人性，因此，我們將降低做決策時採用觀點的程度」。

——降低程度嗎？

加布里埃爾：是的，降低觀點的程度——在可能的範圍內盡量減少。即便如此，觀點依然存在。理想的情況是，如同賦予不變規則的政治家。丟棄與觀點相關的價值觀，並且只要將它考慮進去。我承認印度教徒存在，但我不接受他們的觀點。我知道有穆斯林和無神論者，但我不接受他們的觀點。直到最後都保持**中立**（neutral）。

——目前為止，中性這個名詞經常出現。

加布里埃爾：是的，所謂的中立是這裡的關鍵。如此一來，透過普世人性與決策程度的一致性，就可以將對立轉為中立。

——這和第四章中所舉出的年輕工作狂的例子相同呢。

加布里埃爾：就是這樣。那麼，讓我們回到感知的案例。當我指著玻璃杯時，您說：「這裡沒有什麼玻璃杯哦」令我驚慌失措。「沒有玻璃杯嗎？」但實際上我指的其實是，我的秘書悄悄地安裝了投影機所投影出的玻璃杯投影影像。您知道，我卻不知道。

假設您說：「你瞧！沒有玻璃杯呀。」並讓我看到這台投影機，我應該會感到驚訝吧。

就像這樣你糾正了我。我的感知並不準確。在這個案例當中，對象物品是玻璃杯，而不是投影影像。**目標決定正確的觀點是什麼。**由標的物本身來決定，而不是由我決定。無論我的決定是什麼或與這個標的物關係都不重要。重要的是標的物是什麼？我認為在任何情況下都可以這樣說。對於道德的案例也是如此。案例本身，決定了我們應該要做什麼。

——換句話說，真實是存在的吧？

加布里埃爾：是的，只有真實是存在的。現實就是不折不扣的真實。**並非真與假，僅有真實。**

——但是，現實是複數的。

加布里埃爾：沒錯。而且複數的現實也可能成為虛假的。因為我們獨立的現實，即在人類思維中的現實，是一種表面。表面的形式可能更準確，也可能更不準確，適當、不適當、真與假。但是表面對象本身並不是真或假，它就是真實。讓我用一個非常簡單的例子來說明。

假設「這裡有玻璃杯」這個信念是真的，我的表象也是真實的。它也可能會是虛假的。我也有錯誤的可能性，但在這個情況下把它當成是真的。那麼，假設這是一種執念，並且假設您代表了我的表象。由於這是個執念，它是虛假的。沒有玻璃杯，只有投影的影像。你把我的想法以這種方式表示。表示您認為「『加布里埃爾的想法是錯的』的想法是對的」。

人們無法進行虛假地思考。對虛假的思考意味著某些事物是關於虛假的真實的思考。因此，沒有人可以做虛假的思考。

所謂「我所思考的事物全部都是虛構的」的思維是不存在的

這是個非常重要的深度哲學觀點。雖然還有爭議的空間，但就讓我們開始吧。我在這裡的意思，其實可以用非常簡單的邏輯來證明。現在開始我將用一張圖來解釋。因為這是我正在研究的最深層的知識。

在哲學當中，使用P這個文字來表示真或假。P是命題（proposition）的字首縮

前提

P「是 P」　　$\neg$P「不是 P」

P $\leftrightarrow$ $\neg\neg$P　　P 是眞實的與「P 並非不是眞實的」相等

※$\leftrightarrow$ 表示同等值

思考的方式

I think（⊃ P）　「我認爲『P 是眞的』」

I think（⊃ $\neg$P）「我認爲『P 眞的不是眞的』」

→思考不能認爲自己的思考是錯誤的

編輯部以馬庫斯・加布里埃爾所畫的圖爲藍本製作

寫。然後，令P為真。「我在波昂」，這是真的。「我是安格拉・梅克爾（Angela Merkel）」這是假的。「我是安格拉・梅克爾」這個命題是虛假的，「我在波昂」，這是命題是真實的。接下來是否定記號（¬）。如果P為真，則「P」為假。若「P」為真，則P為假。如果P為真，則「P並非真的不是真的」。

反之亦然。如果P不為真不是真的，則P為真。也有一些邏輯是無效的，但這只是為了瞭解遊戲的本質。

例如，我認為是P，我在前面有提過，人們認為思考的事永遠都是真實的。即使您認為自己的想法似乎有誤，換句話說，「即使您思考著「P」，並不代表著您沒有思考「「P」」。你思考的是「P」。否定（¬）僅有一次。您思考的僅是一個否定（¬）。這是因為您將它們視為一個。如果您認為「加布里埃爾抱有錯誤的信念」和「加布里埃爾是錯的」，那麼您就不會認為「自己是錯的」。而是認為「加布里埃爾是錯的」。您認為思考本身不會認為「這是虛假的」。**您總是認為自己的思考是真實的**。不可能有不認為「這是正確想法」的想法。你相信自己。更應該說，您不能不相信。不相信自己是不可能的。

◇「信念的網」是由社會所編造的

這就是人類是社會性動物的理由。如果世界上僅有您一人，那麼您就不會犯錯。您不會發現任何錯誤吧？因為只相信自己所相信的。相信各種各樣的事物，但是無法糾正自己。這是不可能的。因此，**我們糾正自己的唯一方法，就是擁有其他不同的觀點**。

這就是人類社會。人類社會意味著透過社會成員提出「你錯了！」來彼此互相糾正。但是每個人都有犯錯的可能。就像試圖糾正他人的人自己也受到糾正一樣，發生所謂糾正失敗的情況。就像是嘗試更正，使自己本身得到修正一般。

這種互動無止盡地擴散。社會成員與成員伙伴之間的互動越多，隨著社會越複雜，就會產生更多的邏輯，有人相信P、有人相信Q。還有，當某人是R時，就相信那不是P。這是信念體系的系統。所有的信念合併，形成一個集合體。**由這些多重信念延伸的整個網絡，形成了社會**。若信念的網或多或少能夠穩定並且降低虛假的程度，就會提高社會成功的可能性。只有真正的信念才能成功。

例如，假設我肚子餓了想吃披薩。按照我的信念，我認為最近的披薩店位於這邊向西的200公尺之處。但實際上，它是在這裡向東的200公尺。若依照自己的信念，向西方前進後才發現真相，然後改朝向東走去，就一共必需走600公尺。（與我在同一地點）「知道披薩店位置的人，僅需要走200公尺即可。（與那個人相比，我獲得披薩這件事）的成功率很低。此外，披薩店說「只剩一個披薩。先到者得」。若我犯了一個錯誤，也就是說如果我抱持著錯誤的信念，我將會繼續挨餓（吃不到披薩）。因此，具有許多錯誤信念的社會與具有許多正確信念的社會相比是比較不利

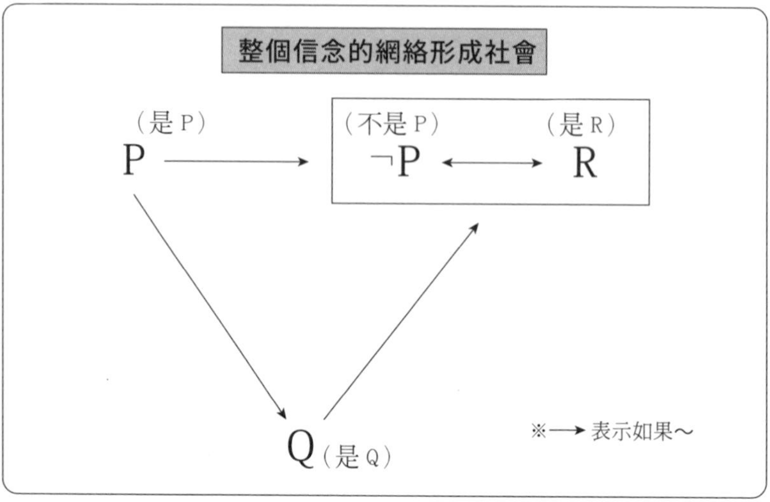

編輯部以馬庫斯・加布里埃爾所畫的圖爲藍本製作

（disadvantage）的。

這就是為什麼會有大學。產業化越先進的國家就會建立更好的大學系統的理由是它提高了，對社會擁有正確信念的確切率。這就是需要教育的原因。若沒有教育，人們就會走錯方向。若是朝向錯誤的方向前進，就會被那些朝正確方向前進的人幹掉。就這麼簡單。這就是教育。知道要走的路，僅此而已。**教育產生了社會的網絡。**這是個理論。

◎「真實」為社會最高價值的理由

哲學中現實的最深層次是稱為排中律

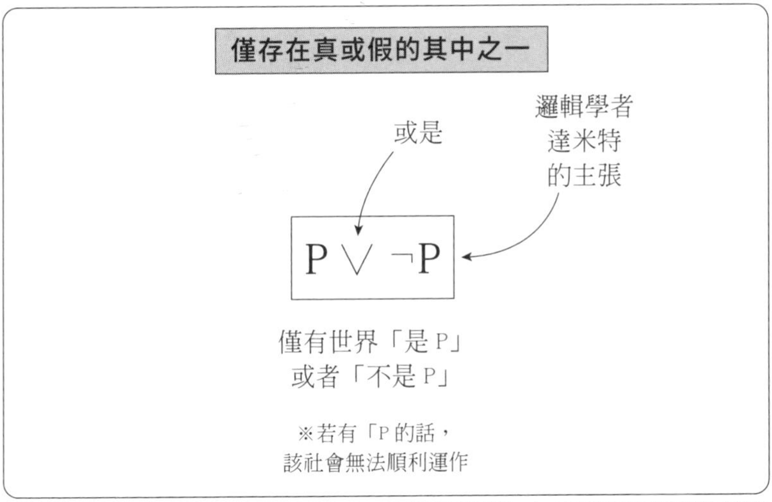
僅存在真或假的其中之一
或是
邏輯學者
達米特
的主張
P ∨ ¬P
僅有世界「是P」
或者「不是P」
※若有「P的話，
該社會無法順利運作
編輯部以馬庫斯・加布里埃爾所畫的圖為藍本製作

的法則。「P為真實」或（∨）「¬P為真實」，我認為中間的第三者是不被承認的。「我在波昂」或「我不在波昂」。這就是排中律的規則。

擅長於現實主義辯論的研究學者，長期於牛津大學（Oxford）執教的邏輯學教授麥可・達米特（Michael・Dummett）提到「現實主義者（realist）相信世界上存在了事實（fact）」。因此，**真實不就是這樣嗎？它們之間沒有第三者的存在**。

認為這項法則具有普遍性。道德性的價值觀、稅收、墮胎、正義、應酬高爾夫、7這個數字——無論您怎麼想，您的想法會是對或錯的其中之一。

沒有漏洞，無法從現實當中逃脫。如果您的想法是錯誤的，那麼您的想法是錯誤的這個想法就是真實的，而且，不可能抱持著錯誤的信念逃避現實。如果這樣做，您的現實就成為您的過失（error）。

某個行為者的過失成了現實。接著，在人生中所犯的錯誤越多，這個人的人生最終會失敗的可能性就越高。犯的錯誤越多，人生就會越糟糕。其實很簡單。**一個成功的社會，是個可以減少犯錯風險的社會**。也就是說，社會基本的最高價值就真實。

——這就是在第四章所說明的，基於顯然事實的政治呢。

◇ 為何統計式的世界觀會失敗呢？

加布里埃爾：那就對了。這與矽谷的統計式世界觀點相對立呢。在統計式的世界觀中，有人說什麼是真實的並不重要。是後真相的問題點。讓我們來推測關於真實的想法造成了一種後真相的情況。搜索演算法無法提供最佳結果。結果接近最高而不太可能最低，但這並不總是能帶來良好的結果。

在Google Maps上搜索餐廳是一個很好的例子。嘗試著在舊金山找到一家美味的泰式餐廳。在網路上的話，您可以在網路上找到一家不錯的餐廳。但是，除非是巧合，否則您永遠找不到最好的泰式餐廳。

這是因為搜尋演算法所顯示的並不是最好的餐廳，而是評價最高的餐廳。顯示了人類行為總數的結果。有會犯錯的人，也有不知道泰國菜是什麼的人，但他們仍然對餐館做出了評價。因此，**矽谷所謂的統計式世界觀提高了社會犯錯誤的可能性**。

這種統計世界觀之所以失敗，是因為它沒有把事實的真假考慮進去。

「新現實主義」是對萬物的現實理論。沒有什麼是不真實的。一切都是真實的。沒有能夠逃避現實的方法，無法存在於現實之外。網際網路和這個房間裡的所有的東西都是完整且真實存在的。直到死亡，才能脫離現實。一旦死亡就出局了，但這並不意味著就脫離了現實。死亡也很真實。也許死亡不會影響你。它將根據死後的世界中是否存在靈魂而改變，但這點先暫時擱置，這就是我的看法。

希望這能夠解釋我所討論的邏輯構造。再度重申，這種普遍的現實理論的形態從未被主張過。即使有與我現在所提出的「新現實主義」看起來一樣真實的邏輯，也具有非現實的元素。

◎「我」確實存在

一位看似與我說著相同話語的哲學家，實際上並沒有嘗試說出與我相同的話。儘管「新現實理論」還有討論的空間，但還未被主張過。我不知道有與它完全相同的想法或有完全相同想法的人。這就是我稱它為「新現實理論」的原因，十分明顯。

越深入了解「新現實理論」當中事物之間的關係，幾乎可以肯定，會有愈來愈多「這是明確的事實」的事物。當我與哲學家交談時，我經常聽到這些話。「是的，這是明確的事實」。被問及，什麼時候開始知道的呢？這位哲學家終於察覺到了。「這是加布里埃爾告訴我的」他說。並且，理解了我的話的意思了。

我們總是對我們所理解的事情抱持著「不是很明顯是如此嗎？」的印象。若擅長數學的人，看到非常複雜的數學公式組合也能夠一目了然。同樣的，身為一位哲學家，我寫出、教導或傳遞我認為顯而易見的事物。我認為我所理解的事物對任何人而言也是淺顯易懂的。但這也可能是一個錯誤。我不能說「它是必然的真實」。任何人，包括我自己，都會犯錯，沒有人是完美無瑕的。

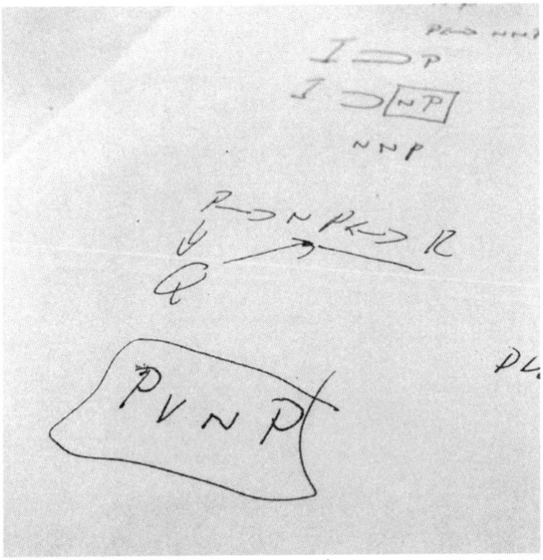

加布里埃爾所畫的圖

譯者後記

提倡「新現實主義」的馬庫斯·加布里埃爾為「時代的寵兒」，絲毫也不為過，他是一位正在引起全世界關注的新銳哲學家。

由於受篇幅所限，本書無法完全收錄我與加布里埃爾之間的對話。但是，本書當中收錄關於「價值的危機」、「民主主義的危機」、「資本主義的危機」、「科技的危機」以及這四項危機共有的「表象的危機」。內容豐富發人省思，令我們感到自豪。

加布里埃爾在回答我們的提問時，滔滔不絕毫不停滯，熱情的回應。有時他純粹從哲學的角度來說明，有時則是從一個忙著往返世界各地的學者的觀點來說明。顯然地，他描述了無法從社會學、歷史學、經濟學及政治學的考察當中獲取的基本特徵。

用另一種說法，我能夠享受在本書中經常出現的——多元性，與身為哲學家的加布里埃爾及普通人的加布里埃爾的對話。

當追逐變化多端的社會情勢的個別事件時，有時無法了解「實際上究竟發生了什麼」。

以唐納・川普為例，許多人都表面性地將他看做是一個荒謬無能的總統，但加布里埃爾卻從未認為如此。

他一邊說道「川普政府否定明顯的事實」。全球經濟轉變為一種經濟的戰爭，最顯著的例子就是川普正在進行的貿易戰。「他只不過是說了實話」和「我只是明確地說出關於所有人都要遵守的規則」，看穿了川普的行動和決策背後的真相。這應該與川普看似深不可測的個性完全無關，但許多人卻因此感到困惑。

通過與試圖找出真相的加布里埃爾對話，若能使映入讀者眼中的世界產生微小的變化，並多少帶來益處，沒有比這更大的喜悅了。

二〇二〇年一月，於東京

大野和基

關於PHP新書出刊

以「透過繁榮的和平與幸福」（PEACE and HAPPINESS through PROSPERITY）願望為本，PHP研究所今年迎接創立五十週年。這一步，與日本人跨越了前一場戰爭並繼續為建立今日的繁榮作出非凡努力的軌跡重疊。

然而現在當我們擁有了和平與富裕的生活，卻讓人感覺到許多日本人似乎漸漸迷失了對於為了什麼而生活、想要怎麼過生活的想法。同時，不僅在日本或世界各地，而是在全球的範圍內，每天都在發生重大的變化，它們成為應該解決的問題並且向我們靠近。

在這樣的時代中，為了要找出生活的特定價值並實現一個充滿生命喜悅的社會，現在需要尋求些什麼呢？無非就是重振前人所培植的智慧，然後仔細思考關於我們每個人所處的現實以及我們應該前進的未來。

這項活動，超越了單純的知識的深度思考，並且朝向為了使生活更加美好的哲學旅程。敝社迎接成立五十週年之際，ＰＨＰ將創刊新書，並希望與讀者一起踏上這段旅程。我們由衷地希望得到許多讀者的共鳴與支持。

一九九六年十月

原書出版社　ＰＨＰ研究所

【作者簡歷】

馬庫斯・加布里埃爾（Markus Gabriel）

出生於 1980 年，在 29 歲時以史上最年少之姿，被有 200 年歷史的波昂大學拔擢為正教授。他根植於西方哲學傳統，提倡「新現實主義」，並引起了全世界的關注。他的著作『世界為什麼不存在呢？』（講談社選書メチエ（Métier）成為全球暢銷書。『慾望時代的哲學』等也在 NHK・E テレ播出。其他著作還有『「我」不是大腦』（講談社選書メチエ（Métier）），『新存在主義』（岩波新書），『神話・瘋狂・哄堂大笑》（與斯拉沃熱・齊澤克（S・齊澤克 Slavoj Žižek）等人合著，掘之內出版）等等。

【原書譯者（日文版）簡歷】

大野和基（Ohno Kazumoto）

1955 年出生於兵庫縣。大阪府北野中學，東京外國語大學英美學系畢業。1979-97 年往返美國。在紐約康奈爾大學化學系及紐約醫科大學學習基礎醫學。之後，開始以當地記者身份展開工作。國際局勢的內幕，開始進行採訪並執筆撰寫從醫療問題到經濟領域的廣泛領域。1997 年返回日本後，也為了採訪經常出國。精熟於美國的最新情況。他翻譯了諸如《用金流來閱讀：日本和世界的未來》等書籍，並編著了《未完成的資本主義》（以上是 PHP 新書）。近年來，也活躍於各大電視節目當中。

國家圖書館出版品預行編目資料

當 世界歷史的指針迴轉時：「新現實主義」解釋時鐘倒回的世界五大危機，並提出解決的方案。/馬庫斯．加布里埃爾（Markus Gabriel）著．大野和基譯（日文版）；黃意淩譯．-- 初版．-- 臺中市：晨星，2020.12

面；公分．--（勁草生活；477）

譯自：世界史の針が巻き戻るとき：
「新しい実在論」は世界をどう見ているか

ISBN 978-986-5529-78-9（平裝）

1. 哲學　2. 人生哲學

147　8109016158

勁草生活 477

當世界歷史的指針迴轉時：

「新現實主義」解釋時鐘倒回的世界五大危機，並提出解決的方案。

世界史の針が巻き戻るとき:「新しい実在論」は世界をどう見ているか

作者	馬庫斯．加布里埃爾 (Markus Gabriel)
原書譯者	大野和基（日文版）
譯者	黃意淩
編輯	楊皓禎
校對	楊皓禎、彭雅涵
封面設計	張蘊方
內頁設計	張蘊方
創辦人	陳銘民
發行所	晨星出版有限公司 台中市 407 工業區 30 路 1 號 TEL：04-23595820　FAX：04-23550581 行政院新聞局局版台業字第 2500 號
法律顧問	陳思成　律師
初版	西元 2020 年 12 月 20 日初版 1 刷
總經銷	知己圖書股份有限公司 106 台北市大安區辛亥路一段 30 號 9 樓 TEL：02-23672044 / 23672047　FAX：02-23635741 407 台中市西屯區工業 30 路 1 號 1 樓 TEL：04-23595819　FAX：04-23595493 E-mail：service@morningstar.com.tw 網路書店 http://www.morningstar.com.tw
讀者服務專線	02-23672044 / 02-23672047
郵政劃撥	15060393（知己圖書股份有限公司）
印刷	上好印刷股份有限公司

歡迎掃描 QR CODE
填線上回函

定價 390 元

ISBN 978-986-5529-78-9

SEKAISHI NO HARI GA MAKIMODORU TOKI

晨星出版
Morning Star

晨星出版
Morning Star